Worauf baut die Bildung?

_____

Michael Braum, Oliver G. Hamm (Hg.)

Worauf baut die Bildung?
Fakten, Positionen, Beispiele

Birkhäuser
Basel

Redaktion: Oliver G. Hamm_Berlin
Layout, Satz: forst für Gestaltung_Hamburg_Berlin
Coverillustration: Panatom_Berlin
Umschlaggestaltung: Bundesstiftung Baukultur_Potsdam
Lithographie: Einsatz Creative Production_Hamburg
Druck: fgb.freiburger grafische betriebe_Freiburg

Bibliografische Information der Deutschen Bibliothek
Die Deutsche Bibliothek verzeichnet diese Publikation in der Deutschen Nationalbibliografie; detaillierte bibliografische Daten sind im Internet über http://dnb.ddb.de abrufbar.

© 2010 Birkhäuser GmbH
Basel
Postfach 133, CH-4010 Basel, Schweiz

Gedruckt auf säurefreiem Papier, hergestellt aus chlorfrei gebleichtem Zellstoff. TCF ∞

Printed in Germany
ISBN 978-3-0346-0358-4

9 8 7 6 5 4 3 2 1   www.birkhauser-architecture.com

Inhalt

Michael Braum

Editorial

Die Missstände im bundesdeutschen Bildungssystem werden nicht nur in mangelnden Kompetenzen vieler Schülerinnen und Schüler sichtbar,
sondern auch in den maroden Schulgebäuden
und den wenig ansprechenden zugehörigen
Freiräumen. In vielen unserer Schulen herrscht
„baulicher Notstand". Hier werden Potenziale
einer Baukultur des Öffentlichen verschenkt.

Das Deutsche Institut für Urbanistik bezifferte
den Investitionsbedarf bei den Schulen auf 73
Milliarden Euro bis 2020.[1] Ausgelöst wird der
Investitionsbedarf durch sich ändernde räumliche,
technische und energetische Anforderungen an
Schulgebäude. Die Bundesstiftung Baukultur
nahm dies zum Anlass, in einem öffentlichen
Aufruf im Mai 2009 die politisch Verantwortlichen aufzufordern, die Voraussetzungen dafür zu
schaffen, Mittel aus dem Konjunkturpaket II[2] nicht
ausschließlich für energetische Sanierungen, sondern auch für baulich-räumliche Verbesserungen
an den Kindergärten und Schulen einzusetzen,
die zeitgemäße pädagogische Konzepte fördern.

„Die pädagogische Dimension von Räumen
ist in der Bildungspolitik noch nicht angekom-
men", so die stellvertretende GEW-Vorsitzende
Marianne Demmer. „Der Raum hilft, sich wohlzufühlen, und wo sich Kinder wohlfühlen, werden
die ursprüngliche Freude und Lust am Lernen aufgegriffen und gefördert", davon ist auch der für
Schulbauten ausgewiesene Architekt Peter Hübner überzeugt. Unterstützung erhalten beide unter
anderem von dem Hirnforscher Gerald Hüther
von der Universität Göttingen. Er bestätigt, dass
ein Kind, um motiviert zu lernen, einladende Räume braucht, in denen es sich inspiriert fühlt.

Die Bundesstiftung Baukultur setzt die Bildungsbauten auf die Agenda des „Konvents der
Baukultur 2010", um der Frage nachzugehen, wie
unsere Bildungsorte eine ihrer gesellschaftlichen
Bedeutung angemessene Gestaltung im gebäu-
de- und freiraumbezogenen sowie im städtebaulichen Maßstab erfahren können, wobei der
Schwerpunkt der Betrachtung auf den Kitas und
Schulen im urbanen Kontext liegt.

Im Zusammenspiel der im Konvent 2010
gesetzten thematischen Schwerpunkte *Bildung,
Freiraum* und *Verkehr* wird der *öffentliche Raum* in
einem ganzheitlichen Sinn betrachtet. Im Zusammenwirken des Gebauten, das tagtäglich von der
Bevölkerung genutzt wird, lässt sich Baukultur
eindrucksvoll, über eine allgemeine Geschmacks-
diskussion hinaus, mit dem Alltag der Bevölkerung in Beziehung setzen. So wird Baukultur als
gestalterische Aufgabe wie als gesellschaftliche
Herausforderung in den Fokus der Betrachtung
gerückt.

1. __ Deutsches Institut für Urbanistik, Investitionsrückstand
und Investitionsbedarf der Kommunen, Bericht 2/2008.

2. __ Der Bund stellt für die Sanierung und den Ausbau von
Kindergärten, Schulen und Hochschulen Ländern und Kommunen insgesamt 6,5 Milliarden Euro bereit, die bis Ende 2010
investiert sein müssen.

Die Freiräume, deren baukulturelle Herausforderungen im Band 2 des Berichts der Baukultur „Wie findet Freiraum Stadt?" thematisiert werden, sind die Orte des *Zusammentreffens unterschiedlicher Lebenswelten*, Orte der Begegnung, der Kommunikation und der Repräsentation. Sie stehen wie kaum ein anderer Ort für die Wahrnehmung unserer Städte.

Wobei deren Wahrnehmung maßgeblich durch die verkehrstechnische Infrastruktur bestimmt wird. Bei dieser liegt der Nutzwert im Allgemeinen weit über deren Gestaltwert. Am Beispiel ausgewählter Referenzfelder werden im Band 3 des Berichts der Baukultur „Wo verkehrt die Baukultur?" Wege für ein austariertes Zusammenspiel von Gestaltanforderungen, Funktionstauglichkeit, Nutzerakzeptanz und Nachhaltigkeit aufgezeigt, das gute Baukultur ausmacht.

Die Bildungseinrichtungen, verstanden als die prägenden Orte für die Zukunft unserers Gemeinwesens, sind die öffentlichen *Räume der Integration unterschiedlicher Lebenswelten*. Exemplarisch auszuloten, wie sie eine ihrem gesellschaftlichen Stellenwert angemessene Gestaltung erfahren können, ist der Schwerpunkt des vorliegenden Bandes 1 des Berichts der Baukultur „Worauf baut die Bildung?".

Die Qualität der Bildung ist für die Zukunftsfähigkeit unserer Gesellschaft entscheidend. Die Reform unseres Bildungswesens verlangt eine Kraftanstrengung aller Beteiligten, der Bildungspolitiker und der Pädagogen ebenso wie der Architekten, Landschaftsarchitekten und Stadtplaner.

Der Bericht der Baukultur sucht die komplexen Anforderungen durch Nutzer, Praktiker und Wissenschaftler aufzubereiten. Beginnend mit einem einführenden Beitrag von Michael Braum und Bernhard Heitele zu der Frage, was das Anliegen der Bundesstiftung Baukultur an dem Thema ist, wird der pädagogischen Sicht der Dinge im Artikel von Otto Seydel der Blick des Architekten im Beitrag von Arno Lederer zur Seite gestellt. Falk Jaeger sucht in seinem Statement die gegenseitigen Beeinflussungen zwischen pädagogischen Konzepten und diese berücksichtigenden Raumkonzepten herauszuarbeiten, Gert Kähler die zwischen den Schulen und den sie umgebenden Stadtquartieren. Die Verknüpfung zwischen gebautem Raum und pädagogischer

Idee greift das von Oliver G. Hamm und Carl Zillich mit Cornelia von Ilsemann und Gerhard Kramer geführte Gespräch auf. Im Vergleich mit unseren europäischen Nachbarn beschäftigt Barbara Pampe die Frage, wieso die anderen besser sind. Aufbauend auf diesen Beiträgen und den aus den fünfzehn exemplarischen Beispielen gesammelten Erfahrungen schließt der Bericht mit von der Bundesstiftung Baukultur erarbeiteten Empfehlungen zum Thema.

Mein besonderer Dank gilt den von uns zur Vorbereitung des Konvents der Baukultur eingeladenen Expertinnen und Experten, die im Rahmen unserer Veranstaltung BAUKULTUR_VOR_ORT und dem ergänzenden WERKSTATTGESPRÄCH_ BAUKULTUR zum Thema „Bildung" wesentliche Grundlagen für die Erarbeitung dieses Berichts geliefert haben. Sie sind im Anschluss an die Empfehlungen namentlich aufgeführt.

Mein Dank gilt daneben allen am Bericht beteiligten Autoren, insbesondere Oliver G. Hamm, dem Mitherausgeber dieser Publikation, Petra Steiner, die die von uns ausgewählten Projekte fotografierte, Andreas Müller und Sabine Bennecke vom Birkhäuser Verlag sowie Ricardo Cortez, der für die Grafik des Buches verantwortlich war.

Mein ganz besonderer Dank gilt dem Team der Bundesstiftung Baukultur: Bernhard Heitele und Carl Zillich, die nicht nur den Bericht mit konzipiert haben, sondern darüber hinaus maßgeblich an der inhaltlichen Erstellung des Buches beteiligt waren, sowie Wiebke Dürholt, die für den organisatorischen Teil des Projektes verantwortlich zeichnete, Anneke Holz, der die Öffentlichkeitsarbeit für den Konvent oblag, Bärbel Bornholdt und Anja Zweiger, die zur Organisation beigetragen haben, unseren wissenschaftlichen Mitarbeiterinnen Dagmar Hoetzel und Sanna Richter sowie den studentischen Hilfskräften Katinka Hartmann, Sophia Hörmannsdorfer und Katharina Rathenberg, die uns bei der Projektauswahl unterstützten. Ausgangspunkt dafür war eine Beispielsammlung der Mitglieder des Arbeitskreises „Baukultur am Beispiel" des Fördervereins der Bundesstiftung, der von Julian Wékel geleitet wird. Den Mitgliedern des Arbeitskreises sowie allen Landesministerien, Kommunen und Büros, die unsere Recherchen zu dieser Publikation unterstützt haben, gilt mein abschließender Dank.

Potsdam, im März 2010

Michael Braum und Bernhard Heitele

Worauf baut die Bildung?
Anforderungen an eine Bildungsbaukultur

„Die anderen Kinder sind der erste Pädagoge.
Lehrer sind der zweite und der Raum ist der dritte Pädagoge."[1]

Loris Malaguzzi, italienischer Pädagoge (1920–1994)

01__Höhere Handelsschule Heidelberg, Friedrich Wilhelm Kraemer, 1955–1957.

Baukultur und Bildung

Baukultur und Bildung sind beides zentrale Voraussetzungen für die kulturelle Prägung unserer Gesellschaft. Vergleichbar der Bildung ist die Baukultur kein selbstreferentielles Geschehen, sondern ein verbindender Akt, der Ausdruck eines kontinuierlich geführten gesellschaftlichen Diskurses ist.

Die Qualität des Bildungssystems ist für die Zukunftsfähigkeit unserer Gesellschaft von außerordentlicher Bedeutung, ist sie doch ein Gradmesser für ihre internationale Leistungsfähigkeit und gleichsam Bewährungsprobe für eine mündige Bevölkerung, die Grundlage einer Demokratie. Die Reform unseres Bildungssystems verlangt die Einbeziehung aller Akteure: Bildungspolitiker und Pädagogen, Lernende und deren Eltern sowie die entwerfenden Berufe.

In der ersten Hälfte der 1960er Jahre, unter dem Damoklesschwert der „Bildungskatastrophe", entwickelten sich die Akteure zu Reformern. In einer beträchtlichen Anstrengung baute man nicht nur das Bildungssystem um, sondern entwarf eine Vielzahl neuer Schulgebäude. Um verschiedenen Unterrichtsformen zu genügen, wurden die Gebäude als flexible Systembauten mit variablen Grundrissen entworfen – ein Aspekt, der bis heute nichts an Aktualität verloren hat. Die diesen Reformüberlegungen entsprungene Gesamtschule wurde zum Inbegriff einer dem Zeitgeist entsprechenden Pädagogik und die Architekten entwarfen die dazu vermeintlich passenden Häuser.

Nicht einmal zehn Jahre später gerieten diese „Lernfabriken" aufgrund ihrer Unwirtlichkeit in die Kritik. Waren es zugegebenermaßen pädagogisch fortschrittliche Schulen, so spiegelte sich dieser positive Aspekt nur unzureichend in der Architektur der Gebäude und häufig überhaupt nicht in deren städtebaulicher Einbindung wider. Die damalige Praxis des Bauens war, bedingt durch die anstehende Bewältigung wachsender Schülerzahlen, primär auf Quantitäten ausgerichtet. Vergleichbar den heutigen energetischen Sanierungen wurde der Herausforderung, den Schulbau als Ausdruck des baukulturellen Anspruchs zu verstehen, zu wenig Rechnung getragen.

02__Schulzentrum in Eschwege, Willi Kirschner, 1972–1973.

Die zentralen baukulturellen Ansprüche im Bereich der Bildung lassen sich auf folgende Fragestellungen fokussieren:

- Wie können Bildungsorte neue Identitätsträger für Stadtquartiere werden?
- Wie können gestalterische und funktionale Qualitäten zeitgemäße pädagogisch-didaktische Konzepte ergänzen?
- Wie lassen sich die verschiedenen Akteure „auf Augenhöhe" in den Planungs- und Bauprozess einbinden?

Städtebau und Bildungsbau

Kommunikative und Identität stiftende Bildungsorte sind eine räumliche Voraussetzung für zeitgemäßes Lernen, auf der Ebene der Stadt oder des Stadtteils ebenso wie auf der Ebene des Quartiers.

Die Beziehung zwischen den Bildungseinrichtungen und den sie umgebenden Stadtquartieren verändert sich. Bildungseinrichtungen müssen sich verschiedenen Akteuren ihres Quartiers öffnen; gefordert sind Ideen und Konzepte, in denen Bildungseinrichtungen die Entwicklung ihres Umfeldes positiv prägen.

Das Beziehungsgefüge von Bildungsbauten und der Stadt hängt dabei von der Lage der Gebäude im Stadtteil, von den nutzungsspezifischen Zusammenhängen mit der Stadt und vom architektonischen Ausdruck der Häuser als Bausteine in der Stadt ab.

1. __ zitiert nach: Reinhard Kahl: „Einladende Neubauten",
in: taz vom 11.12.2008

die Bedeutung der Schule innerhalb der damaligen Gesellschaft betonten. Städtebaulich integrierten sie sich in den Block und ihre bauliche Gestalt brachte durch Größe und Strenge das damalige Bildungsideal zum Ausdruck, welches durch Disziplin und Ordnung geprägt war.

„Um 1950 markiert der neue Schulbau wie kaum eine andere Bauaufgabe die Hoffnung auf einen Neubeginn"[2], in dem sich Ideale wie Freiheit, Offenheit und Demokratie widerspiegeln sollten. So entstanden unterschiedliche architektonische Ausprägungen des Schulbaus, die sich städtebaulich in die gegliederte und aufgelockerte Stadtlandschaft einfügten. Inspiriert vom Gedanken der Freiluftklasse der 1920er Jahre wurden pavillonartige Schulen gebaut, die dem Konzept des kleinmaßstäblichen, „demokratischen Schulhauses im Grünen" folgten. Darüber hinaus prägten primär ökonomischen Überlegungen folgende Rasterbauten aus Stahlbeton die Schularchitektur.

Der Bruch mit dem städtebaulichen Kontext erfolgte in den späten 1960er Jahren. Die Gesamtschulen und Schulzentren waren auch infolge pädagogischer Überlegungen gegenüber früheren Schulen im Allgemeinen unmaßstäbliche Gebäude. Sie benötigten in der Regel große zusammenhängende Grundstücke und wurden, wo immer es ging, an den Rändern der Siedlungen errichtet. In den sie umgebenden Quartieren wirken sie als städtebauliche Fremdkörper.

Um unterschiedliche Bildungsvoraussetzungen auszugleichen, sollte der gesamten Stadtbevölkerung, insbesondere den sozial benachteiligten Gruppen, der Zugang als Nutzer ermöglicht werden. Dazu wurden die Schulen um komplementäre öffentliche Einrichtungen wie Volkshochschulen, Jugendzentren und Fortbildungseinrichtungen ergänzt. In den ambitionierten Stadterweiterungen der damaligen Zeit, wie beispielsweise in Hamburg-Steilshoop[3], lagen diese komplexen Bildungszentren in deren Zentrum. Die neuen, demokratisierten Schulen als Herz der Stadt avancierten dadurch zum gebauten Ausdruck nicht nur bildungspolitischer, sondern allgemeiner gesellschaftlicher Forderungen.[4]

03__Ehemalige Dorfschule, Berlin-Zehlendorf, 1828.

04__Victoria-Luise-Lyzeum (heute: Goethe-Gymnasium), Berlin-Wilmersdorf, Otto Herrnring, 1903–1904.

Vor der Industrialisierung und der damit verbundenen Urbanisierung bildeten Zwergschulen den kulturellen Mittelpunkt von Dörfern. Die Gebäude waren nicht größer als die umliegenden Bauernhäuser, lagen im Zentrum der Dörfer und boten Raum für alles, was im weitesten Sinn unter Kultur zu fassen war. Sie fügten sich selbstverständlich in den städtebaulichen Kontext ein.

Die wilhelminischen Schulen waren im Gegensatz zu den Zwergschulen stolze Gebäude, die

2. __ Werner Durth / Niels Gutschow: Architektur und Städtebau der fünfziger Jahre. Schriftenreihe des Deutschen Nationalkomitees für Denkmalschutz, Band 33. Bonn, 1987. S. 94

3. __ Siehe Gert Kähler: Lebenslänglich verortet – Vom Wert des Lernens. S. 125 ff in diesem Band.

4. __ „Die Schule der Nation ist die Schule" (Willy Brandt in seiner Regierungserklärung 1969).

5. __Otto Seydel: Wie werden unsere Kinder lernen? – Acht Thesen zur Schule der Zukunft. S. 26 ff in diesem Band.

Bessere Städte durch bessere Schulen!

Heute müssen diese unbestritten engagierten Versuche in großen Teilen als gescheitert angesehen werden. Die Gründe dafür sind vielfältig. Neben der schieren Größe in Verbindung mit ihrer häufig seriellen Fertigung sind es gestalterische Aspekte, wie die Vielzahl nur künstlich belichteter Räume, welche die häufig in Sichtbeton errichteten Gebäude in der Öffentlichkeit als minderwertig erscheinen ließen. Es liegt zudem an ihrer Lage am Rand der Städte und an ihrer – auf einen Ort konzentrierten – funktionalen Überfrachtung, dass ihre Integration in den städtebaulichen Kontext nie gelingen sollte.

Schülern und Bürgern in den Schulen Räume zur gemeinsamen Nutzung anzubieten – dieser Aspekt ist unverändert ein zentraler Ansatz zur Integration der Schulen in die Stadtteile. Im Unterschied zu den Strategien der 1970er Jahre darf die Schule jedoch nicht „Stadt spielen", sondern sollte integrativer Teil der Stadt werden.

Wenn man hierbei Überlegungen zur Umnutzung bestehender Gebäude und der Vernetzung von Bildungseinrichtungen heranzieht, ist die Entwicklung solcher Bildungsorte auch in innerstädtischen Gebieten mit hohen Bebauungsdichten bereichernd. Die Herausforderung besteht darin, die neuen Bildungslandschaften im jeweiligen Maßstab in den städtebaulichen Kontext einzupassen und ein Zusammenwirken von Gebäuden, Freiräumen und Bildungsinstitutionen zu ermöglichen. Ob und wie die Identifikation zwischen Schule und städtischer Öffentlichkeit hergestellt oder verbessert werden kann, hängt auch von der Umsetzung des pädagogischen Ansatzes ab, sich mit dem Gebäude „der Stadt zu stellen".

Bildungsorte als Identität stärkende Bausteine im Stadtteil

Das probateste Mittel einer angemessenen Einbindung der Schule in die Stadt und die städtische Öffentlichkeit ist, die Schule als Bildungsort im Stadtteil zu verankern. Dies schafft Identität über den Bildungsort hinaus.

Die zentralen baukulturell bedeutsamen Herausforderungen sind dabei vor allem zu suchen in:

- den Potenzialen der Identitätssteigerung eines Quartiers durch den Bildungsbau
- der räumlichen, baulichen sowie funktionalen Vernetzung der Bildungsbauten mit dem sie umgebenden Stadtquartier
- der Mehrfachnutzung der Schulen durch Lernende und Anwohner
- der Sicherstellung, dass Schulbauten infolge ihrer Neukodierung als neue Zentren des Gemeinwesens nicht überfordert werden, also eine adäquate Ausstattung und Finanzierung erhalten

Wechselbeziehungen zwischen Architektur und Pädagogik

Beim Entwurf guter Schulen kann es *die* serielle Lösung nicht geben. Bildungsbauten müssen sich gestalterisch und typologisch immer auf ihren jeweiligen Kontext beziehen, wollen sie baukulturellen Maßstäben genügen.

Dabei müssen sowohl beim Neu- als auch beim Umbau beziehungsweise bei der Sanierung einer Schule die entwurflichen und konzeptionellen Entscheidungen zeitgemäßen pädagogischen Anforderungen genügen, um erfolgreiches Lernen räumlich zu unterstützen. Schulentwicklungsplaner heben die Bedeutung der Schnittstelle zwischen Architektur und Pädagogik im Hinblick auf die Qualität schulischer Entwicklungen immer wieder hervor.[5] Spezifische pädagogische Grundentscheidungen induzieren Folgen für das Raumprogramm.

Gelernt werden kann im Klassenverband oder individualisiert, alleine, zu zweit, in kleiner und großer Gruppe. Dafür empfiehlt sich eine Ergänzung der Klassenzimmer beispielsweise mit Nischen und teiloffenen Räumen. Der Unterricht selbst kann als Wissensvermittlung durch den Lehrer, als Wissensaneignung durch die Lernenden oder aber kombiniert konzipiert werden. Dabei können unterschiedliche Beschäftigungen sinnvoll und notwendig werden. Diese erfordern beispielsweise Werkstätten, Sport- sowie Aufenthaltsräume. Auch die Entscheidung zur Zusammenarbeit von Lehrern, ob in Tandems, Jahrgangsteams oder Fachteams, hat räumliche Konsequenzen. Hier sind Alternativen zum klassischen Lehrerzimmer vorstellbar.

05__Geschwister-Scholl-
Gymnasium (heute: Gesamt-
schule), Lünen, Hans Scharoun,
1956–1962.

06__Tagesheimgymnasium
Osterburken (heute: Ganz-
tagesschule Osterburken),
Jan-Christoph Bassenge,
Kay Puhan-Schulz,
Hasso Schreck, 1972–1973.

07__„Tor zur Welt", Hamburg,
bof architekten und
Breimann & Bruun Garten-
und Landschaftsarchitekten,
Wettbewerbsentwurf 2008.

Schließlich spielt der räumliche Bezug zur Umgebung, zwischen Öffnung und Innenorientierung, eine für den Entwurf nicht zu unterschätzende Rolle, die einen integrativen Ansatz von Architektur und Freiraumgestaltung notwendig macht.

Bessere Bildung durch bessere Schulen!

Neben diesen primär aus den pädagogischen Ansprüchen abgeleiteten konzeptionellen Prämissen ist für die Gestaltung einer Schule die gesellschaftliche Wertschätzung der Bildung von zentraler Bedeutung: Stattet man die Schule mit möglichst hochwertigen Materialien aus, um die Schüler zum sorgfältigen Umgang mit ihrer gebauten Umwelt zu motivieren, oder entwirft man eher pflegeleicht, um zu erwartende Unterhaltskosten zu minimieren?

Schulen sind heute nicht mehr nur Lernorte. Sie werden zu Lebensorten. Die Bildungsreformen, nicht zuletzt dem schlechten Abschneiden Deutschlands im Rahmen der PISA-Studien geschuldet, führen zwangsläufig neben zeitgemäßen pädagogisch-didaktischen Konzepten zur Einführung von Ganztagsschulen. Diese Schulen benötigen neben unterschiedlichen Raumtypen selbstverständlich Mensen, Betreuungs- und Aufenthaltsräume. Noch mehr als bei herkömmlichen Schulen sind angemessene Freiraumqualitäten für einen guten Ganztagsunterricht unverzichtbar.

Die wichtigsten baukulturell relevanten Herausforderungen auf der Ebene des Gebäudeentwurfs sind:

- die gestalterisch-konzeptionelle Herausarbeitung einer sinnfälligen Synergie zwischen pädagogischem Konzept und architektonischem Raum im Neu- wie im Umbau
- die Balance zwischen beständigen und veränderbaren Räumen, die einerseits einen konstitutiven Rahmen zu setzen vermögen, und die andererseits auf unterschiedliche Anforderungen reagieren können
- die angemessene Einbindung aller am Um- und Neubau von Schulgebäuden beteiligten Akteure, das heißt der Nutzer, Lernenden wie Eltern, ebenso wie Schulverwaltungen, Pädagogen und Entwerfenden in den Planungs- und Bauprozess

Die Herausforderung, für zeitgemäße Bildungsangebote einen angemessenen räumlichen Rahmen zu entwickeln, kann nur im konstruktiven Dialog der beteiligten Akteure angenommen werden. Könnte nicht bei jedem Schulumbau oder -neubau eine kollektive Baufamilie aus Schulleitung, Eltern, Schülern, Architekten, Landschaftsarchitekten und Vertretern der Kommunen sowie der Verwaltungen gegründet werden, bei der sich alle Beteiligten als Bauherrn begreifen und Verantwortung tragen? Wenn dabei die jeweiligen Kompetenzen respektiert und berücksichtigt werden, kann Bildungsbaukultur gelingen.

Weiterführende Literatur:

Mark Dudek: Entwurfsatlas Schulen und Kindergärten. Basel, 2008.

Hochbaudepartment der Stadt Zürich / Eidgenössische Technische Hochschule Zürich/ETH Wohnforum / Schul- und Sportdepartment der Stadt Zürich / Pädagogische Hochschule Zürich (Hrsg.): Schulhausbau. Der Stand der Dinge. Der Schweizer Beitrag im internationalen Kontext. Basel, 2004.

IBA Hamburg (Hrsg.): Metropole: Bilden / Metropolis: Education. Berlin, 2009.

Arno Lederer / Barbara Pampe: Raumpilot Lernen. Stuttgart, Zürich, 2010.

Ministerium für Schule und Weiterbildung des Landes Nordrhein-Westfalen und Architektenkammer Nordrhein-Westfalen (Hrsg.): Schulbaupreis 2008 – Auszeichnung beispielhafter Schulbauten in Nordrhein-Westfalen. Düsseldorf, 2008.

Josef Watschinger / Josef Kühebacher (Hrsg.): Schularchitektur und neue Lernkultur. Neues Lernen – neue Räume. Bern, 2007.

Wüstenrot Stiftung (Hrsg.): Schulen in Deutschland. Neubau und Revitalisierung. Stuttgart, Zürich, 2004.

Wüstenrot Stiftung (Hrsg.): Schule bauen – Bauen schult! Wissenschaftliche Begleitforschung zu einem Modellprogramm des Landes Rheinland-Pfalz. Ludwigsburg, 2007.

08__ Impressionen von Berliner Schulen im Jahr 2008.

Der ganz normale Wahnsinn

Aufgrund viel zu geringer Finanzmittel für Bau, Ausstattung, baulichen Unterhalt und Sanierung von Schulgebäuden und Kindertagesstätten ist in zahlreichen Kommunen seit vielen Jahren ein Finanzierungsstau entstanden, der selbst mit Konjunkturpaketen nur langsam abzubauen sein wird. Vielerorts sind mittlerweile Zustände erreicht, die verzweifelte Schulen und engagierte Eltern zu ungewöhnlichen Mitteln greifen lassen. Zum Beispiel in Berlin: Dort sammelte die Initiative „Tulpen für Tische" seit dem Schuljahr 2005/2006 Geld für die angemessene Ausstattung Berliner Schulen und Kitas, die aus den laufenden Haushaltsmitteln allein nicht mehr zu gewährleisten ist. Durch den Verkauf von Tulpen am Valentinstag lenkt die Initiative unter der Trägerschaft des gemeinnützigen Archimobil e.V. die öffentliche Aufmerksamkeit auf einen Missstand, den die Gesellschaft nicht länger hinnehmen dürfe: „Berlins Schüler und Kinder verdienen bessere Lebens- und Lern-Orte."

Zu dem gleichen Ergebnis muss kommen, wer den virtuellen Adventskalender mit Bildern maroder Schulen betrachtet, den der Bezirkselternausschuss Steglitz-Zehlendorf im Dezember 2008 dem damaligen Berliner Finanzsenator Thilo Sarrazin zukommen ließ. Die Bilderserie vom beklagenswerten Ist-Zustand vieler Schulen scheint einem Horrorkabinett zu entstammen, ist aber Alltag tausender Schüler und Lehrer: „Löcher in der Decke, undichte Fenster und marode Spülbecken" war eine spektakuläre Aufmacherseite mit der Collage eines „Adventskalenders des Grauens" überschrieben, mit der die „Berliner Zeitung" am 2. Dezember 2008 über die Aktion berichtete. Fortan „beglückte" jeden Tag eine andere Schule den Senator mit ihren jeweils ganz speziellen Problemen, die dringend der Abhilfe bedürften.

Die Aktion blieb nicht ohne Wirkung, denn noch Mitte Dezember 2008 gab der Senat grünes Licht für ein 50-Millionen-Euro-Sanierungsprogramm an Berliner Schulen im Jahr 2009 – zusätzlich zu den rund 32 Millionen Euro aus dem turnusgemäßen Schulsanierungsprogramm des Senats. Dass dies dennoch nur ein Tropfen auf den heißen Stein ist, belegt die Summe der gesamten Sanierungsbedarfe von rund 750 betroffenen Schulen allein in Berlin: Sie wird auf fast eine Milliarde Euro geschätzt.

Oliver G. Hamm

09__ Collage aus der „Berliner Zeitung" vom 2. Dezember 2008 mit Impressionen der Fichtenberg-Oberschule in Berlin-Steglitz (erster Teil des „Adventskalenders 2008" an den damaligen Finanzsenator Thilo Sarrazin).

Arno Lederer

Wir waren schon mal weiter

Betrachtungen zu sich wandelnden Prämissen im Schulbau

01__Weimarer Volksschule (heute: Musikschule Ottmar Gerster), Clemens Wenzeslaus Coudray, 1825. Ostansicht.

Zu Beginn der 1820er Jahre wurde in Weimar mit der Planung einer Bürgerschule, der ersten Volksschule der Stadt, begonnen. Der Entwurf lag in den Händen des Oberbaudirektors Clemens Wenzeslaus Coudray, der schon damals einen pädagogischen Berater zur Seite gestellt bekam, was nicht einmal heute, im Schulbau der öffentlichen Hand, der Fall ist. Diese verantwortungsvolle Tätigkeit fiel Johann Wolfgang von Goethe zu, der anscheinend mit großem Engagement die Entwurfstätigkeit begleitete. Kurze Zeit nach der Einweihung (1825) schrieb er seinem Dienstherrn, Großherzog Karl August von Sachsen-Weimar-Eisenach: „Das Gebäude bewirkt schon selbst Cultur, wenn man es von außen ansieht und hineintritt. Die rohsten Kinder, die solche Treppen auf- und abgehen, durch solche Vorräume durchlaufen, in solchen heitern Sälen Unterricht empfangen, sind schon auf der Stelle aller düstern Dummheit entrückt und sie können einer heitern Thätigkeit ungehindert entgegen gehen."[1]

Mir ist keine bessere Formulierung bekannt, die so eindrücklich aussagt, was das eigentliche Ziel von Schulbauplanung ist. Und mir scheint, dass dieser Satz geradezu bildhaft den Finger in die Wunde heutiger Schulbauplanungen legt.

Übrigens steht die Schule in Weimar heute noch fast genauso da, wie sie Coudray gezeichnet hat, Veränderungen sind fast nicht auszumachen. Die Schule erreichten die Kinder aus der Stadt zu Fuß, alle wichtigen Gebäude – Kirchen, Schloss, Rathaus – lagen im näheren Umkreis, ebenso Handwerksbetriebe, Ladengeschäfte, das Theater und die Bürgerhäuser. Der Schulweg war so ein Teil der Bildung, ein Umstand, den der Gehirnforscher Prof. Gerald Hüther als beispielhaft beschreiben würde. Die Vielfältigkeit des städtischen Lebens sei, so hörte ich Hüther auf einer pädagogischen Tagung in Hamburg 2007, für die geistige Entwicklung des Kindes in mehrfacher Hinsicht von Vorteil: Durch die Komplexität der Umgebung, die Vielschichtigkeit der Erfahrungen, die Konfrontation mit Neuem und Vertrautem entwickele sich das Gehirn vielfältiger vernetzt als in Situationen, in denen das Umfeld solches nicht biete. Damit erteilt er Standorten von Schulen schlechte Noten, wie wir sie bei uns vorwiegend in den 1960er und 1970er Jahren, also als Folge der Picht'schen Bildungsreform, gewählt haben: an den Rändern der Städte.

Dass im Allgemeinen die Schulen des 19. Jahrhunderts als Kasernen bezeichnet werden, hängt mit der Rekrutierung von Lehrern aus dem Militär zusammen. Es scheint naheliegend, deshalb die Architektur mit diesem Umstand in Verbindung zu bringen. Allerdings muss man bei genauem Hinsehen den Schulgebäuden zugestehen, dass sie teilweise mit großer Sorgfalt und einem nicht geringen Anteil an baulichem Schmuck errichtet wurden. Dies trifft im Übrigen auch für die damaligen Kasernen zu, die, wie wir heute konstatieren, aus diesem Grund einen Platz in den Denkmallisten finden, wie auch die gesellschaftliche Position des Militärs mit dem heutigen Zustand nicht vergleichbar ist.

Schularchitektur als Ausdruck bürgerlicher Werte

Bis in die 1920er Jahre entspricht die Typologie von Schulbauten weitgehend dem der Bürgerschule von Weimar. Ihre bauliche und ästhetische Qualität ist beachtlich. Dass in ihren Räumen viel zu viele Schüler untergebracht wurden, ist nicht der Architektur anzulasten, sondern den pädagogischen Umständen. Wobei sich die Frage stellt, ob Architektur und pädagogische Bedürfnisse Hand in Hand gehen müssen, ob der Raum auf die jeweilige Pädagogik zugeschnitten sein muss oder ob das Schulhaus für sich eine architektonische Qualität haben sollte, die zu unterschiedlichen Zeiten unterschiedlichen pädagogischen Modellen dienen kann. Das ist im Übrigen nicht zuletzt auch eine ökonomische und ökologische, aber eben auch eine kulturelle Frage.

Wenn ich an die beiden Schulgebäude zurückdenke, die ich selbst besuchen durfte, dann sind sie beide Bürgerschulen im Sinne der Coudray-Goethe'schen Überlegungen. Die Grundschule, 1908 errichtet, rühmt sich heute im Internet, ein Gebäude im Jugendstil zu nutzen. Das Gymnasium, Folge eines Wettbewerbs aus dem Jahre 1912, ist mit einer Sorgfalt gebaut, die heute noch beispielhaft ist und im Übrigen mit den heutigen Budgets nicht hätte errichtet werden kön-

---

1. __ Brief vom 20. Juli 1826, zitiert in: Goethes Werke. 50 Bde. Hrsg. im Auftrag der Großherzogin Sophie von Sachsen. IV. Abteilung: Goethes Briefe. Weimar, 1887–1912.

02__Heusteigschule, Stuttgart. Gebäude der Grund- und
Hauptschule, Theodor Fischer, 1906.

03__Johannes-Kepler-Gymnasium, Bad Cannstatt,
Ludwig Eisenlohr und Oskar Pfennig, 1912.

04__Freiluftschule (Openluchtschool), Amsterdam,
Johannes Duiker, 1927–1930.

nen. Haustüren aus Eiche, Wandverkleidungen mit farbigen Fliesen und gerundete Leibungen an den Türöffnungen, nichts davon wäre unter den heutigen finanziellen Bedingungen umsetzbar. Offensichtlich war es der damaligen Gesellschaft wichtig, die bürgerlichen Werte, insbesondere die Bildung, auch in der Architektur zum Ausdruck zu bringen. So hatte man zum Beispiel in meinem Gymnasium noch Bildhauer bezahlt, die die Büsten von Humboldt, Goethe und Homer in der Eingangsfassade verewigten.

Mit der Carl Johan Schule in Göteborg (1915–1924) beschloss Gunnar Asplund den Reigen der großen Epoche des Schulbaus mit den feinen Details. Bereits wenige Jahre später begann Johannes Duiker mit dem Entwurf der Freiluftschule in Amsterdam (1927–1930). Dort beruhte, wie man der Beschreibung Duikers entnehmen kann, die räumliche Idee nicht auf pädagogischen Grundlagen, sondern zuerst auf dem Gedanken, die hygienischen Zustände in Schulen zu verbessern.

Die Schule als kleine Stadt

Eine ideale Verbindung von Bildung und gesundheitlichen Aspekten gelang Eliel Saarinen und seiner Frau Lily Swann in der Crow Island School in Winnetka, Illinois (1939–1940). Die Architekten verließen den klassischen Zuschnitt von Klassenräumen und zeichneten winkelförmige Grundrisse, die sie wie Reihenhäuser aneinander reihten. Auf der einen Seite an einem langen Flur liegend, öffnen sich die Räume zu einer geschützten Terrasse und zum gemeinsamen Grünbereich. Der Zuschnitt der Räume gestattet unterschiedliche Unterrichtsformen wie auch die Unterteilung in Groß- und Kleingruppen. Die Fenster sind mehrfach geteilt, um einen bergenden und dennoch transparenten Charakter zu erhalten. Die Brüstungen sind niedrig, um einen freien Durchblick auch für kleine Kinder zu erreichen. Der Flur, besser die innere Straße mit den Reihenhäusern, führt zu einem großen Eingangsfoyer, dem die großen Gemeinschaftsräume ähnlich zugeordnet sind wie öffentliche Bauten um einen Marktplatz. Noch einmal, wie in den eingangs besprochenen Bauten, wurden mit großer Sorgfalt bildhauerische Details entwickelt, aber auch die Möblierung – Stühle, Tische, Schränke oder Regale – wurde liebevoll gezeichnet und handwerklich ausgeführt.

05__Crow Island School, Winnetka, Illinois, Eliel Saarinen und Lily Swann, 1939–1940.

Einen formal geradezu gegensätzlichen Ansatz, aber dennoch auf einer ähnlichen strukturellen Idee basierend, stellt der Entwurf für die Munke-gard-Schule in Gentofte nahe Kopenhagen von Arne Jacobsen dar. Wenn man das Luftbild des 1952 bis 1956 gebauten Ensembles betrachtet (Abb. 08 auf Seite 20), fällt der Schematismus auf, mit dem Flure, Klassenzimmer und Gemein-schaftsräume entwickelt wurden. Erst bei genau-erer Betrachtung sieht man, dass – ganz ähnlich wie bei der Crow Island School – individuelle und doch miteinander verbundene Gruppen gebildet wurden und es sich um einen nahezu urbanen Gedanken, den der kleinen Stadt, handelte. Dass die Schule in ihrer tatsächlichen dreidimensiona-len Erscheinung fast wie eine wohnliche und sehr schöne Reihenhaussiedlung aussieht, erstaunt selbst denjenigen, der im Lesen von Grundrissen geübt ist.

Schließlich gehört in diese Reihe noch die Schule von Hans Scharoun, bei der man geneigt ist, sie formal in die Nähe von Waldorfschulen einzuordnen. Beim Gebäude des Geschwister-Scholl-Gymnasiums in Lünen (1956–1962) hat er die Räume für die unterschiedlichen Altersgrup-pen individualisiert, was durchaus dem Gedanken der Waldorfschulen folgt (siehe dazu auch den Beitrag von Falk Jaeger, Seite 36). Auch hier gleicht, formal wieder anders, die Grundidee dem großen Beispiel der Crow Island School. Wer sich heute mit den pädagogischen Anforderungen für Schulbauten beschäftigt, wird feststellen, wie ak-tuell die drei letzten Beispiele in Wirklichkeit sind.

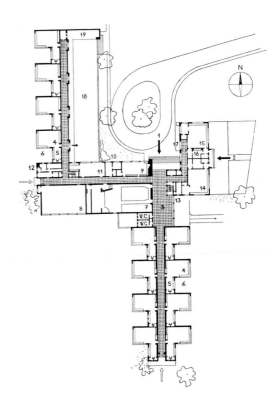

06__Crow Island School, Winnetka, Illinois. Grundriss.

Ein Irrweg: Bauen nach spezifischen Nutzerbedürfnissen

Dass es seit den 1960er Jahren mit dem Schulbau steil bergab geht, erkennt wohl jeder, der sich mit den Bildungsfabriken jener Zeit auseinandersetzt. Es konnte nicht gut gehen, die Produktion von Schulgebäuden auf der einen Seite anzukurbeln, und auf der anderen Seite die Kosten für die neuen Gebäude durch Systembauweise, miserable Baumaterialien und zweitrangige Architektenleistungen auf ein Minimum zu senken. Darüber hinaus sah man, ähnlich wie im Klinikbau, ein hohes Einsparpotenzial in der Bildung großer Einheiten, die nun nicht mehr Schulhaus, sondern Schulzentrum genannt wurden und die auf billigem Grund und Boden außerhalb der städtischen Quartiere angelegt wurden.

Bemerkenswert ist auch, dass damals die Grundrissgestaltung einen wesentlichen Teil der architektonischen Arbeit einnahm. Man bediente sich bei deren Entwicklung wissenschaftlicher Untersuchungen und bestückte die entwerfenden Teams mit Spezialisten aus der Pädagogik – und man bezog die Nutzer ein. Gerade dieser Umstand führte zu Räumlichkeiten, die – ganz auf spezifische Nutzerbedürfnisse hin entwickelt – andere als die vorgesehene Nutzung nicht ermöglichten. Dass eine nachfolgende Lehrer- und Schülergeneration vollkommen andere Vorstellungen über die Verwendung und Gestalt von Räumen hat, ist ein Dilemma, das nicht nur damals zu Planungen geführt hat, die für eine langfristige Nutzung geradezu untauglich sind.

Die angeblich so funktionstüchtigen Grundrisse der in Teilbereichen fensterlosen Schulen sind das Zeugnis einer Gesellschaft, für die Bildung eher Last als Lust ist und die gut und gerne als Mahnmale einer kinderfeindlichen Politik bezeichnet werden können.

Der Mangel an Dauerhaftigkeit ebenso wie der Mangel an Neutralität der Räume ist also das wesentliche Merkmal des letzten Drittels des 20. Jahrhunderts. In dieser Zeit wurde darüber hinaus der Fehler begangen, den Qualitäten, die zuvor im Schulbau bestanden, aus ökonomischen Gründen eine Absage zu erteilen.

Daran knabbern wir heute noch, auch wenn es zwischendurch immer wieder kleine respektable Leistungen gibt, die aber, wie die Schulen von Behnisch & Partner in Oppelsbohm (Mittelpunktschule, 1966 – 1969) und in Lorch (Progymnasium, 1972 – 1973) oder die partizipatorischen Modelle von Peter Hübner, Einzelfälle blieben. Einzig die Schulen in privater Trägerschaft, wie zum Beispiel Waldorfschulen, haben – trotz enormer Sparzwänge – ein architektonisches Profil, das aber angesichts des großen Markts der öffentlichen Schulbauten, die etwa 93 Prozent des Bestands ausmachen, kaum Einfluss auf die eigentliche Bauaufgabe hat.

Natürlich hat auch im Schulbau PISA wie eine Bombe eingeschlagen. Nach einer Studie[2], die mein früherer Lehrstuhl in Karlsruhe 2003 bis 2004 für die Wüstenrot Stiftung erstellt hat, lag unser Land hinsichtlich der Investitionen in den Schulbau im internationalen Vergleich damals an ähnlicher Stelle wie bezogen auf die pädagogischen Erfolge, besser gesagt Misserfolge.

07__Munkegard-Schule, Gentofte bei Kopenhagen, Arne Jacobsen, 1952 – 1956.

08__Munkegard-Schule, Gentofte bei Kopenhagen. Die Anlage erinnert an eine Hofhaussiedlung oder an eine kleine Stadt.

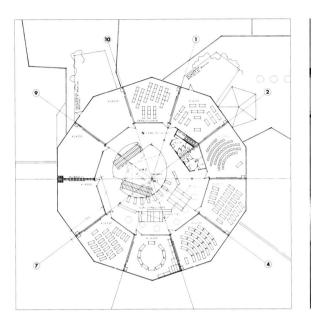

09__Progymnasium Lorch, Behnisch & Partner 1972–1973. Klassengeschoss.

10__Progymnasium Lorch. Zentrale Halle.

Der Königsweg: Neutrale Nutzungsangebote, materielle und ästhetische Dauerhaftigkeit

Der Blick in die Geschichte der Architektur zeigt, dass gute Gebäude, für welchen Zweck auch immer gebaut, sich durch materielle und ästhetische Dauerhaftigkeit und neutrale Nutzungsangebote auszeichnen. Es ist nur eine Frage der zur Verfügung stehenden Fläche, die für eine Schule mehr als ausreichend bemessen sein muss. Man kann auch mit kleinen Gruppen in einem großen Raum konzentriert arbeiten, wenn dieser umfassend gut gestaltet ist. Man kann, wenn es sich um einen schönen Bau handelt, auch in einem alten Bahnhof, in einem Schloss oder einer Fabrik unterrichten, wenn der Raum dafür ausreicht. Würde man neue Schulhäuser alleine auf die Pädagogik ausrichten, die wir heute für richtig befinden, wäre das Gebäude auf absehbare Zeit untauglich und müsste umgebaut oder abgerissen werden.

Die Qualität der Architektur ist im Übrigen wie jene der Literatur, der Musik oder der Bildenden Kunst ein Gradmesser dafür, was die jeweilige Gesellschaft unter Kultur versteht. Sie ist eine öffentliche Sache und nicht die Privatangelegenheit von einzelnen Lehrern, Schülern oder Schulgemeinschaften. Sie ist Teil der Stadt und Teil einer Gemeinschaft von Gebäuden, die unseren gemeinsamen öffentlichen Raum ausmachen. Und deshalb muss der Politik klar sein, dass die gestalterischen Qualitäten von Schulhäusern nicht nur beispielhaft sein müssen, sondern auch das kulturelle Wollen eines Landes zum Ausdruck bringen sollen.

Geschmack ist, was das betrifft, überhaupt nicht Privatsache, sondern die Sache der Gemeinschaft. Sie ist eine *res publica* und gehört deshalb in die Verantwortung der Besten, die wir in diesem Lande haben. Und sie nötigt der Gemeinschaft den Willen ab, dafür die notwendigen Mittel bereitzustellen. Das miserable Ergebnis der Schulen aus den 1960er und 1970er Jahren, die heute entweder abgerissen oder mit einem erheblichen Aufwand saniert werden müssen, macht den Wert erst sichtbar, den Coudray und Goethe in Weimar umgesetzt haben. Deren Gebäude ist, wie gesagt, heute noch in Nutzung, und es spielt keine Rolle, ob es zehn, hundert oder zweihundert Jahre alt ist. Das muss die zeitgenössische Architektur erst einmal nachmachen.

Der Beitrag basiert auf einem Vortrag im Rahmen der Veranstaltung „Baukultur_vor_Ort – Worauf baut die Bildung?" am 25. Mai 2009 in Köln.

2. __ Arno Lederer, Astrid Pieper, Roland Kötz: „Schulen in Deutschland – Ein Situationsbericht zu Schulbau, Schulsanierung und Schulschließung", in: Wüstenrot Stiftung (Hrsg.): Schulen in Deutschland – Neubau und Revitalisierung. Stuttgart, Zürich, 2004, S. 36 – 67.

Positionen

Zurück in die Zukunft
Auszüge aus einem Podiumsgespräch im Mai 2009

01__Die Teilnehmer des Podiumsgesprächs, von links: Helga Boldt, Leiterin der Neuen Schule Wolfsburg; Bernadette Heiermann, Architektin aus Köln; Bernd Streitberger, Dezernent für Stadtentwicklung, Planen und Bauen der Stadt Köln; Michael Braum, Vorstandsvorsitzender der Bundesstiftung Baukultur (Moderator); Vera-Lisa Schneider, Leiterin des Bereichs Schulbau und Bauangelegenheiten im Ministerium für Schule und Weiterbildung des Landes Nordrhein-Westfalen; Kathrin Möller, Vorstand Bauen, Modernisierung und Vertrieb der GAG Immobilien AG in Köln.

„Worauf baut die Bildung?" – dieser bewusst vieldeutigen Frage widmete sich die dritte „Baukultur_vor_Ort"-Veranstaltung der Bundesstiftung Baukultur. Die Stiftung hatte sich als Schauplatz einer Auseinandersetzung mit den baukulturellen Aspekten des lange ein Schattendasein führenden, seit dem PISA-Schock (2001) aber wieder viel diskutierten Themas „Bildung" für Köln entschieden, „da uns hier Projekte, die den räumlichen Umbau des Bildungssystems auf unterschiedlichen Maßstäben zum Ziel haben, beispielhaft erscheinen", wie Moderator Michael Braum in seiner Einleitung anmerkte. „Auf städtischer Ebene werden im ‚Masterplan Innenstadt Köln' Vertiefungsbereiche für Bildung diskutiert, auf Quartiersebene werden integrierte Konzepte, sogenannte Bildungslandschaften erprobt und auf Gebäudeebene wurden in Köln fünf beispielhafte Schulbauten mit dem Schulbaupreis 2008 in Nordrhein-Westfalen ausgezeichnet. Daher ist Köln ein guter Ort, um unterschiedliche baukulturelle Aspekte des Themas Bildung im Hinblick auf bundesweite Relevanz und Übertragbarkeit zur Diskussion zu stellen."

Zunächst präsentierten Frauke Burgdorff (Montag Stiftung Urbane Räume, Bonn) und Hildegard Fuhrmann (Leiterin des Abendgymnasiums – Weiterbildungskolleg der Stadt Köln) das Konzept der Kölner Bildungslandschaft Altstadt Nord, bei der es um die Schaffung von Räumen „im pädagogischen und baulichen Sinne" geht, „die ein lebensnahes, verantwortungsvolles und inklusiv angelegtes Lernen und Lehren […] ermöglichen". Im Anschluss an einen Vortrag von Arno Lederer mit dem provokanten Titel „Wir waren schon mal weiter" – in diesem Band ab Seite 16 dokumentiert – beschäftigten sich die Teilnehmer eines Podiumsgesprächs mit einer Reihe von Fragestellungen an der Schnittstelle zwischen Pädagogik und Raum: Gibt es spezifische ästhetische Anforderungen an die Architektur von Bildungsbauten? Wie flexibel müssen die Räume von Schulen sein, um aktuellen pädagogischen Konzepten zu genügen? Welche speziellen Anforderungen werden hierbei an den Umbau im Bestand gestellt? Wie können die Kernkompetenzen der unterschiedlichen Akteure (zum Beispiel Schüler, Eltern, Lehrer) sinnvoll in den Planungsprozess eingebracht werden? Doch die Gesprächsteilnehmer sollten nicht nur die architektonische Ebene beleuchten, sondern ebenso die stadträumliche Ebene, die zu weiteren Fragen Anlass gab: Was muss man tun, damit Schulen als Identität prägende Orte der Stadt in den gebauten und sozialen Kontext integriert werden? Wie lassen sich „Mehrfachnutzungen" der Schule in der Praxis leben? Oder werden Schulen durch ihre Programmierung als neue Zentren des Gemeinwesens überfordert? Welche Akteure sind an den Prozessen zur Neudefinition der Bildungsorte in der Stadt zu beteiligen und welche Interessen haben diese?

Wertschätzung und Verantwortlichkeit

Auf die einleitende Frage von Michael Braum, welche Auswirkungen die Architektur auf das pädagogische Konzept habe, antwortete Helga Boldt, Leiterin der Neuen Schule Wolfsburg, die sich auf ihre eigenen Erfahrungen in einer Dorfschule im Weserbergland und in einem Mädchen-Gymnasium in Minden, einem Neubau der 1960er Jahre, berief: „Beide Schulhäuser haben in hohem Maß etwas vermittelt, was auch heute noch ein Maßstab für Schulbau ist: Wertschätzung und Zugehörigkeit. Wenn wir heute über pädagogische Schwierigkeiten nachdenken, kommen wir Pädagogen immer wieder zu diesem Punkt: Mangelnder Respekt und ein mangelndes Gefühl von Zugehörigkeit schaffen offenkundig nicht nur in der Schule Probleme, sondern auch weit darüber hinaus. Gute Gebäude können dagegen das Gefühl von Zugehörigkeit stärken.

Gelungene Proportionen sind schon für kleine Kinder unmittelbar wahrnehmbar. In qualitätvoll gestalteten Räumen lernen sie Gestaltungskraft, die sie mit in ihr Leben nehmen. Gute Gebäude bieten Aktivitätschancen: Flure, die so groß sind, dass man dort auch eine Ausstellung zeigen kann. Fenster, die sich öffnen lassen und die den Blick nach außen ermöglichen. Wände, die zulassen, dass man auch großflächig malt. Versammlungsräume, die so groß sind, dass auch eine Bühne darin Platz hat, Räume, die bei aller

Zwecksetzung veränderungsoffen bleiben. Das sind Merkmale von guter Schule. Sie gelten für die alten Dorfschulen ebenso wie auch für Schulen, die heute neu gebaut werden."

Den Einwand von Michael Braum, dass ein gutes Schulgebäude zweifelsohne die Qualität der Schule nachhaltig beeinflusse, dass aber heutige Schulgebäude im Durchschnitt offensichtlich nicht mehr die Wertigkeit älterer Schulgebäude erreichen, griff Vera-Lisa Schneider, Leiterin des Bereichs Schulbau im Ministerium für Schule und Weiterbildung des Landes Nordrhein-Westfalen, mit dem Hinweis auf, dass es nicht am Geld liege. Vielmehr habe dies auch immer mit Zeitgeist zu tun: „In den 1970er Jahren ist man mit Sicherheit davon ausgegangen, dass die damals geplanten Gebäude gut sind. Ein Schulzentrum am Rande der Stadt entsprach den damaligen Werten. Das ist aus heutiger Sicht nicht mehr zeitgemäß, das will man heute nicht mehr. Aber was damals gewünscht wurde, ist erfüllt worden."

Bernadette Heiermann, Architektin aus Köln, griff diesen Faden auf: „Wir stecken heute in einem Dilemma, das eng verknüpft ist mit den Auseinandersetzungen und mit den Fehlplanungen der 1970er Jahre. Es gibt aber auch gute räumliche Konzepte, die damals entwickelt worden sind: Raumkonzepte, bei denen der Zwischenraum eine entscheidende Rolle im Lebensraum spielt, sind in den damals gebauten ‚Bildungsmaschinen' schon angedacht.

Sie sind nur einfach viel zu groß gewesen – wie vieles in der Zeit, das betrifft ja nicht nur den Typus Schulbauten. In der Folge ist der Dialog völlig versiegt. Man hat den Architekten und den Stadtplanern zum Vorwurf gemacht: ‚Ihr missversteht uns.' Ich denke, dass wir uns in einer Auseinandersetzung über den aktuellen Schulbau ganz wesentlich wieder mit brauchbaren Raumkonzepten beschäftigen müssen. Und das können die Architekten nicht ohne die Pädagogen."

Auf die Frage von Michael Braum, warum Architekten und Pädagogen nicht – oder nicht genug – miteinander redeten, entgegnete die Architektin, deren Büro bereits mehrere Bildungsbauten realisiert hat, darunter die mit dem Schulbaupreis 2008 ausgezeichnete Grundschule Irisweg in Köln: „Es ist immer das gleiche Thema: Auf kommunaler Ebene haben wir die Gebäudewirtschaft und das Schulverwaltungsamt als Bauherrn und Mieter – und die Schule als Nutzer. Die Architekten sitzen ‚zwischen den Stühlen'.

02__Zum Auftakt der Veranstaltung hatten Frauke Burgdorff (links) und Hildegard Fuhrmann das Konzept der Kölner Bildungslandschaft Altstadt Nord vorgestellt.

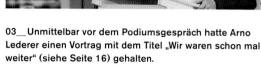

03__Unmittelbar vor dem Podiumsgespräch hatte Arno Lederer einen Vortrag mit dem Titel „Wir waren schon mal weiter" (siehe Seite 16) gehalten.

Ich glaube, dass die Kompetenzen verschoben werden müssen und dass die Schulen selber viel mehr Einfluss auf die Planung ihrer Gebäude bekommen müssen. Es geht um eine Haltung der Verantwortlichkeit aller Beteiligten von Anfang an."

Zusammenarbeit und Kontinuität

Bernd Streitberger, Dezernent für Stadtentwicklung, Planen und Bauen der Stadt Köln, wies darauf hin, „dass wir tatsächlich in den letzten Jahren eine Form der Zusammenarbeit gefunden haben, die es ermöglicht, bessere Qualitäten zu errichten – und das unter großen finanziellen und zeitlichen Restriktionen. Das Schlüsselwort ist ‚Wertschätzung': zunächst mal den Menschen gegenüber, den Schülern, Lehrern und Eltern, die beteiligt sind, aber natürlich auch Wertschätzung den Gebäuden gegenüber. Ich glaube, dass wir das in der Vergangenheit haben vermissen lassen. Was wir lernen müssen, ist Wertschätzung auch im Sinne von Kontinuität. Ein Teil der Probleme, die wir heute haben, resultiert daraus, dass wir immer wieder in Wellen gedacht und gearbeitet haben und dass wir nicht kontinuierlich das gehegt und gepflegt haben, was uns anvertraut ist.

Wir waren in der Vergangenheit in der Lage, für dreißig Millionen Mark einen Schulbau zu errichten – und dann haben wir ihn dreißig Jahre lang verkommen lassen. Das ist eine Folge des kameralistischen Systems der kommunalen Finanzen. Was wir hier und auch in anderen Städten vor zehn Jahren an Schulbau-Schrott stehen hatten – das ist ja unglaublich, dass die Menschen das so lange hingenommen haben! Wenn eine 1970er-Jahre-Schule dreißig Jahre lang gehegt und gepflegt wurde, dann kann sie sich auch heute noch sehen lassen und gut genutzt werden. Wenn nicht, bleibt uns nur der Abbruch."

Kathrin Möller, Vorstand Bauen der GAG Immobilien AG in Köln, stellte die Frage, was

denn den moralischen Verbrauch der 1970-Jahre-Schulen ausmache? Und beantwortete sie gleich selbst: „Wir haben in diesen Schulen ein baulich-technisches Problem, zum Beispiel Asbest, und wir haben ein ästhetisch-moralisches Problem – auch aufgrund des gesellschaftlichen Wandels, den wir erleben: Wir hatten in den 1960er und 1970er Jahren, als viele Schulen – oft im Kontext großer Siedlungen – gebaut wurden, eine wachsende Gesellschaft, die als Arbeitsgesellschaft und auch im sozialen Gefüge relativ homogen war. Diese Homogenität hat sich schon in den 1980er und 1990er Jahren ein Stück weit aufgelöst. Die heterogene singularisierte Gesellschaft mit ihrer Vielzahl von Verwerfungen hat aber andere Ansprüche sowohl an das Wohnen als auch an Bildung. Das ist für mich der Grund, weshalb sich bestimmte pädagogische Konzepte und auch baulich-räumliche Konzepte verändert haben.

Darauf versuchen wir als Wohnungsbaugesellschaft zu reagieren, indem wir den Mieter als Kunden ernst nehmen und auf seine individualisierten Bedürfnisse eingehen. Wir haben uns gefragt, welche Standortqualitäten eine Siedlung haben muss, um diesen Kundenansprüchen gerecht zu werden. Und da ist für uns Bildung ein wichtiger Aspekt, weil Bildungsangebote wesentlich sind, um die Bedürfnisse unserer insbesondere jungen Familien zu befriedigen. Es hat sich herausgestellt, dass Bildungsangebote und die Qualität der Schule ein wesentlicher Entscheidungsfaktor für junge Familien sind. Deshalb sind für uns als Immobilienunternehmen Schulqualitäten förderungswürdig."

Potenziale und Grenzen

Den Blick auch auf mögliche positive Effekte von Schulen auf ein umgebendes Stadtquartier gerichtet, fragte Michael Braum nach den Potenzialen von Schulen als Teil von ganzen Bildungslandschaften – und nach ihren Grenzen. Bernd Streitberger meinte, man könne eine Bildungslandschaft weder verordnen noch planen, vielmehr müsse diese erarbeitet werden – insofern sei die Bildungslandschaft Altstadt Nord in Köln ein gutes Beispiel: „Da haben sich Leute zusammengefunden, die trotz der räumlichen Nähe bislang nicht viel miteinander zu tun gehabt haben, und sie haben festgestellt, welche gemeinsamen Interessen sie haben und wo sie sich gegenseitig unterstützen können. Ich glaube, dass gerade in diesem mühsamen, langwierigen und nicht immer einfachen Prozess ein Teil der Lösung liegt. Damit schafft man Identifikation und Identität, und das wirkt dann in das Quartier hinein. Wir müssen schauen, dass wir Bildungsbauten – das sind Spezialimmobilien, die mit erheblichem Aufwand gebaut worden sind – tatsächlich gut auslasten, aber das darf man auch nicht überreizen. Das kann nicht irgendwie ein offenes Haus werden, wo jeder alles machen kann, sondern es muss eine Adresse bleiben. Wenn sich dort Formen der Gemeinschaft und der Zusammenarbeit entwickeln, die über das einzelne Gebäude hinausgehen, dann wirken sie automatisch ins Quartier hinein."

Helga Boldt griff den Faden auf: „Schule ist erst einmal ein Ort, an dem Lernen stattfindet. Die Komplexität des Lernprozesses erfordert, dass Gebäude vielseitig sind und eben vielfältigen Aktivitäten auch Raum bieten, dennoch ein hohes Maß an Schutz und Geordnetheit gewährleisten. Kein systematischer Lernprozess gelingt, ohne dass es auch einen Werkstattcharakter gibt – mit gutem Werkzeug und mit einer halbwegs überschaubaren Ordnung. Daraus folgt, dass nicht alle wünschenswerten Aktivitäten, die irgendwie mit einem weit gefassten Bildungsbegriff zu tun haben, in einer Grundschule oder in einem Schulzentrum Platz haben. Es gibt dort auch ein Schutzbedürfnis, das zu respektieren ist.

Ein zweiter Aspekt: Kinder und Jugendliche sind enorm widerspruchsempfindlich. Kinder kriegen mit, ob Gebäude einen Wert darstellen, ob ihnen Achtsamkeit abverlangt und ob ihnen gleichermaßen auch Achtsamkeit entgegengebracht wird. Das ist etwas, was möglicherweise auch Erwachsene von Kindern lernen können, auch im Hinblick auf so etwas wie eine Bildungslandschaft. Diese Widerspruchsempfindlichkeit auch als Ressource aufzunehmen und auch als Anforderung an sich selbst zu akzeptieren bedeutet, dass die Erwachsenen in der Verpflichtung

sind, dafür Rahmenbedingungen zu schaffen, personeller und räumlicher Art. Und daraus folgt, dass in einer Bildungslandschaft Räume zu entwickeln sind, die dem lustvollen und anspruchsvollen und vielseitigen Lernen gewidmet sind. Nicht alle Aktivitäten, die überhaupt vorstellbar sind, haben dort Platz, sondern es gibt eine Kernnutzung, und anderes hat sich da einzufügen. Manche Aktivitäten sind an anderen Orten besser aufgehoben."

Auch Kathrin Möller äußerte sich zu der Frage, ob wir die Bildung mit einem zusätzlichen Anspruch überforderten: „Es ist keine Überforderung, die aus einem neuen Anspruch herrührt, sondern die Überforderung von Schule rührt aus den Verhältnissen her, die die Schüler in die Schule mitbringen. Das heißt, die Defizite aus der Familie, aus dem sozialen Umfeld, die Notwendigkeit zum Beispiel der Sprachförderung, die in den Schulen geleistet werden muss, verursachen die pädagogische Überforderung. Die Reaktion eines Schulleiters auf unsere Initiative, in dem Kölner Quartier Vingst-Höhenberg eine Bildungslandschaft zu verorten, ist bezeichnend: ‚Hilfe, jetzt kommt nicht noch mit einem neuen Thema, wir sind ohnehin schon überfordert mit den Aufgaben, die wir haben.' Was wir aber dann in den ersten Dialogen und Arbeitskreisen mitbekommen haben, ist ermutigend: wie sich zum Beispiel Kircheneinrichtungen, Kindergärten, freie soziale Träger und so weiter mit eigenen Angeboten in die Ganztagsschule einbringen. Mittlerweile merken wir, wie Lehrer und Schulleiter sagen: ‚Toller Prozess, da machen wir gerne mit.'"

Abschließend fasste Michael Braum zusammen: „Ich denke, dass wir ‚auf dem Weg' sind, dass aber der Dialog zwischen den öffentlichen Bauherren, den Pädagogen und den Architekten offensichtlich immer noch nicht so gereift ist, wie wir das brauchen. Das hat auch etwas mit gegenseitiger Akzeptanz der unterschiedlichen Kompetenzen zu tun. Die gelungenen Beispiele von Bildungsarchitektur, die in den letzten Jahren entstanden sind, sind immer noch Ausnahmen. Der Ansatz, Schulen in die Stadt zu bringen und nicht die Stadt in die Schule zu bringen, wie wir das bei den Lernfabriken der 1970er Jahre hatten, ist ein Aspekt, der auch in der Zukunft weiter gedacht werden muss."

Das Podiumsgespräch fand zum Abschluss der Veranstaltung „Baukultur_vor_Ort – Worauf baut die Bildung?" am 25. Mai 2009 im Museum Ludwig, Köln, statt.

Otto Seydel

Wie werden unsere Kinder lernen?
Acht Thesen zur Schule der Zukunft

01__Die Aufnahmen dokumentieren den Alltag in der Wartburg-Grundschule, Münster, die mit dem Deutschen Schulpreis 2008 ausgezeichnet wurde. Aus der Laudatio: „Hier ist eine Schule kinderfähig gemacht worden durch pädagogische Architektur [...] Seit den siebziger Jahren hat die Schule sich durch Umbrüche und Umzüge, wagemutige Konzeptveränderungen und personelle Wechsel immer wieder verbessert und ist heute pädagogisch exzellent. Immer wieder war und ist sie ihrer Zeit [...] voraus – mit Freiarbeit und offenem Unterricht seit den siebziger Jahren, als erste Ganztagsgrundschule der Stadt, durch Integrationsklassen, durch Percussion-, Streicher- und Bläserklassen und eine Grundschulwerkstatt, in der Pädagogen von- und miteinander lernen." Die Architekten der Schule sind Boockhoff und Rentrop, Hannover.

Welche Veränderungen des Unterrichts von morgen müssen heute durch entsprechende Schulbauten vorweggenommen werden?

Wie können Architekten ein Gebäude entwerfen, wenn dessen zukünftige Nutzung noch nicht genau bestimmt ist? Planer von Schulbauten stehen unvermeidlich vor einer Schwierigkeit. Die eigene Schulzeit liegt oft lange zurück. Unterricht fand damals in der Regel in einem – meist zu kleinen – Klassenraum statt, in dem alle Schüler gemeinsam zur gleichen Zeit unter der engen Führung des Lehrers das Gleiche lernen sollten.

Heute befinden sich Schule und Unterricht in einem grundlegenden Wandel: auf dem Weg von der „belehrenden" zur „lernenden" Schule. Lernen wird in Zukunft in ganz unterschiedlichen Raumkonstellationen stattfinden, es wird – weit mehr als früher – durch ein differenzierendes und individualisierendes Arbeiten bestimmt sein. Der Lehrer wird vom „Instrukteur" zum „Lernbegleiter". Lehrpläne werden einer Vorbereitungsliste für Entdeckungsfahrten in unbekannte Kontinente gleichen.

Noch gibt es den „neuen Unterricht" allerdings nur in Konturen. Die aktuelle Praxis an deutschen Schulen – vor allem an den Gymnasien – ist oftmals dem alten Bild von Unterricht noch näher als dem neuen. Der Wandel aber ist unaufhaltsam. Am ehesten erkennbar wird das Neue zum Beispiel an den Schulen, die in den letzten drei Jahren mit dem Deutschen Schulpreis ausgezeichnet wurden. Von ihnen wird im Folgenden noch die Rede sein.

Die Schule der vorletzten Jahrhundertwende war in ihrer inneren Organisation des Unterrichts ein Reflex auf die Arbeitsprozesse der Industrialisierung – das „Informationszeitalter" bedarf einer anderen Schule. Dies wird sich auch in den Schulbauten und Freiräumen spiegeln.

Wie also ist eine Schule zu planen, wenn von ihrer späteren Nutzung bislang nur ungefähre Vorstellungen und Bilder vorhanden sind? Ein Neu- oder Umbau sollte den sich abzeichnenden Paradigmenwechsel doch unterstützen – statt ihn zu erschweren. Immerhin: „Konturen" zeichnen sich für das Bild der Schule der nächsten Generationen bereits ab.[1] Sie werden bei den Überlegungen zu den folgenden fünf Fragen deutlich. Am Ende jedes Abschnitts sind diejenigen Weichen zu kennzeichnen, die Pädagogen heute stellen müssen, bevor der Zug der Architekten in naher Zukunft seine Richtung ändern kann.

1. *Wie* werden unsere Kinder lernen?
2. *Was* werden unsere Kinder lernen?
3. *Von wem* werden unsere Kinder lernen?
4. *Wo* werden unsere Kinder lernen?
5. *Wann* werden unsere Kinder lernen?

Wenn in diesen Fragen aus rhetorischen Gründen von „unseren Kindern" die Rede ist, so sind damit die nächsten zwei, drei Generationen gemeint – selbstverständlich gehen nicht nur Kinder zur Schule, sondern auch Jugendliche und junge Erwachsene! Die Antworten auf diese Fragen werden sich im Folgenden auf grundsätzliche Aussagen beschränken – im konkreten Fall müssen sie altersgruppenspezifisch und schulformbezogen ausgestaltet werden.

1. __ Wichtige Anregungen für diesen Text stammen von Gerold Becker und Jochem Schneider sowie dem reformpädagogischen Arbeitskreis „Blick über den Zaun". Vgl. www.blickueberdenzaun.de, „Unsere Standards".

Wie werden unsere Kinder lernen?

These 1: Vom rezeptiven, wortgeleiteten Lernen zum aktiven, handlungsorientierten Lernen mit allen Sinnen

Lernen in der alten Schule wurde primär als kognitive Wissensvermittlung verstanden. Dafür genügten als räumliche Voraussetzung der klassische Klassenraum mit einer Reihenbestuhlung und der „Hör"-saal, in dem man im besten Fall – aus der Ferne – auch etwas „sehen" konnte. Lernen in der neuen Schule aber soll nicht mehr vorrangig das Einprägen von Begriffen sein, das Pauken von „Stoff", der in Tests abgefragt (und dann vergessen) wird. Lernen heißt: das staunende eigene Entdecken von Gestalten und Mustern, von Regelmäßigkeit und Abweichung, von Zusammenhängen, von Ursachen und Wechselwirkungen. Lernen heißt: den Dingen auf den Grund gehen, immer neugieriger werden auf die Welt, Vermutungen haben, sie überprüfen, wissen wollen, ob sich die alte endlos wiederholte Kinderfrage „Warum?" nicht doch hier und da befriedigend beantworten lässt. Lernen kann sein: herumprobieren, ausprobieren, ganz neue Wege gehen – oft zusammen mit anderen. Lernen heißt Versuch und Irrtum, um aus Fehlern Konsequenzen ziehen zu können. Lernen kann bedeuten, etwas darzustellen in Szene, Bild oder Text, etwas zu verwandeln, etwas zu erfinden und so weiter. Diese aktive Rolle kann der Schüler aber nur dann übernehmen, wenn der Lehrer nicht mehr vorrangig als Vermittler von Inhalten auftritt, sondern sich als Arrangeur einer vorbereiteten Umgebung versteht.

Maria Montessori, die Erfinderin des Konzepts der „vorbereiteten Umgebung", formulierte bereits 1905, dass es die wichtigste Aufgabe des Lehrers sei, einer bestimmten Erwartung des Schülers zu genügen: „Hilf mir, es selbst zu tun!" Hundert Jahre später definieren die Neurowissenschaften und die konstruktivistische Lernpsychologie erneut diesen Königsweg des Lernens: die aktive, selbstständige Aneignung durch den Schüler. Lernen heißt nicht nur Nachvollziehen, Nachmachen, Einüben (Lernen durch „Instruktion"), sondern gleichberechtigt oder gar vorrangig Entdecken, Experimentieren, Ausprobieren (Lernen durch „Konstruktion").

Daraus folgt für die baulichen Anforderungen an die neue Schule:

Ihre Räume müssen vielfältig nutzbar, „polyvalent" sein: Sie müssen in Zuschnitt und Ausstattung nicht nur Anforderungen genügen, die für herkömmliche Klassenräume galten, sondern auch solchen für „Werkstätten" oder „Studios" mit ausreichendem Stauraum für Werkzeug und Material – und sie müssen in vielerlei Hinsicht aneignungsfähig und für unterschiedliche Lernsituationen geeignet sein.

These 2: Vom „Lernen im Gleichschritt" zum individuellen Lernen in wechselnden Sozialformen

Der klassische Unterricht – alle Schüler sollen im Prinzip zum gleichen Zeitpunkt das Gleiche lernen – verlangte einen Raum, der für den Lehrer von einem zentralen (am besten leicht erhöhten) Standort aus ein Maximum an unmittelbarer Kontrolle zulässt. Die Homogenität der Schülergruppe wurde einerseits vorausgesetzt und war zugleich auch Ziel – mit entsprechenden Selektionsmechanismen eines dreigliedrigen (genau genommen sogar fünfgliedrigen) Schulsystems, also frühe Schullaufbahnbindung, Sitzenbleiben und Herabstufen in die niedrigere Schulform.

Der neue Unterricht geht von der Grundannahme der Heterogenität jeder Schülergruppe aus. An der prinzipiellen Unterschiedlichkeit der Schüler ändert auch eine handverlesene Auswahl zum Beispiel eines Elitegymnasiums nichts. Jedes Kind, jeder Mensch ist und lernt verschieden – und darin liegt für alle Beteiligten eine große Chance. Es ist eine Fiktion, alle gleichzeitig auf einen gleichen Stand bringen zu wollen. Außerdem hat jeder Gleichschaltungsversuch zur Folge, dass individuelle „Genialität" verloren geht. Der Unterricht der neuen Schule wird darum durch vielfältige Differenzierungs- und Individualisierungsprozesse geprägt sein. Die soziale Organisation der Arbeitsformen wird systematisch variiert, um ein individualisierendes Lernen zu ermöglichen und zugleich die sozialen Kompetenzen zu fördern.

Für die zeitliche Verteilung unterschiedlicher sozialer Arrangements der Lernformen gibt es die Faustregel:

- 30 Prozent allein, jeder Schüler für sich
- 30 Prozent frontal (Ein Lehrer- oder Schülervortrag oder ein fragend entwickelndes Unterrichtsgespräch sind auch weiterhin notwendig. Frontale Methoden werden erst dann von Übel, wenn sie mit 90 Prozent oder mehr eine „Monokultur" bilden – wie bislang!)
- 30 Prozent in der Kleingruppe (zwei bis sechs Schüler)
- 10 Prozent im Kreis der Klasse (im Idealfall 20 bis 24 Schüler), wo jeder jeden sehen kann, damit alle wirklich miteinander sprechen und gemeinsame Angelegenheiten aushandeln können

Daraus folgt für die baulichen Anforderungen an die neue Schule:

Ihre Räume müssen diese Phasen der Individualisierung und Differenzierung mit ihrer Raumstruktur unterstützen, als Gerüst für unterschiedliche soziale Kommunikationsformen. Zwischen den verschiedenen Kommunikationsorten werden geeignete Sicht- und Geräuschzonierungen benötigt, das Mobiliar muss unaufwendig zu bewegen und frei kombinierbar sein. Kleinteilige Raumangebote können auf vielfältige Weisen realisiert werden: Rückzugsbereiche, Raumteiler, Zwischendecks, Galerien, Balkone, Außenzugänge und ähnliches. Diese Zonierungen können in einen konventionellen Klassenraum integriert werden, können aber auch ergänzend oder alternativ durch entsprechende Gestaltung der Erschließungsflächen und Verkehrswege möglich werden. Die Prämisse einer produktiven Kraft der Heterogenität jeder Lerngruppe schließt die Barrierefreiheit als bauliche Grundanforderung ein.

These 3: Von der „körperfernen" Schule zu einer Schule, die achtsam mit dem Lernumfeld umgeht

Das Arrangement der alten Schule ging von der Vorstellung aus, dass Lernen ausschließlich eine Sache des „Kopfes" sei. Deshalb konnte die Bereitstellung von zwei Quadratmetern pro Schüler sowie von Tisch und Stuhl zum Lesen und Schreiben genügen.

Lern- und Gehirnforschung haben inzwischen auf vielfältige Weise nachgewiesen, dass ein Kopf zum Lernen seinen ganzen Körper benötigt und die Stillung elementarer physiologischer Bedürfnisse Voraussetzung für erfolgreiches Lernen ist. Dies meint zuallererst so scheinbar einfache Dinge wie „richtig hören", „gut sehen", „richtig atmen" und „sich ausreichend bewegen" können. Diese schlichten Anforderungen wurden in früheren Schulbauten oftmals sträflich vernachlässigt: Unzureichende Lichtverhältnisse, schlechte Luft, überheizte Räume, bedrängende Enge im Unterrichtsraum und – allzu häufig – eine katastrophale Akustik glaubte man so hinnehmen zu müssen, wie man schlechtes Wetter akzeptiert – als etwas Unveränderliches. Diese Faktoren aber gehören, wie jedermann wissen kann, zu den vermeidbaren (!) Stressfaktoren erster Ordnung, die Lernen schlicht verhindern oder zumindest sehr erschweren.

Daraus folgt für die baulichen Anforderungen an die neue Schule:

Ihre Räume müssen elementare „physiologische" Grundbedürfnisse sichern: Schallreduktion, angemessenes Licht, verträgliche Luft- und Temperaturverhältnisse, Bewegungsraum.

Was werden unsere Kinder lernen?

These 4: Von der Stofforientierung zur Kompetenzorientierung, von der Fachorientierung zur Problemorientierung

In der alten Schule war derjenige im Vorteil, der möglichst viel Wissensstoff speichern und wiedergeben konnte. Historisch basierte die Erfindung unserer heutigen Schule noch auf der Annahme, es sei nützlich und möglich, die Schüler mit dem gesamten Kosmos des vorhandenen Wissens in den Schubkästen unserer klassischen Schulfächer vertraut zu machen.

Das Zeitalter enzyklopädischer Gelehrsamkeit aber ist endgültig vorbei, nicht nur aus quantitativen Gründen. Die Halbwertszeit wissenschaftlicher Erkenntnisse liegt bei zehn Jahren. Die klassischen Fächergrenzen haben in der modernen Forschung gänzlich an Bedeutung verloren. Vor allem aber: Fast alles, was aktuell gewusst werden kann, ist inzwischen von einem internetfähigen Handy aus zu jeder Zeit von jedem Ort der Welt abrufbar – auch vom Schulklo. Gedächtniskünstler genießen nur noch in Fernsehshows ein wirkliches Ansehen.

In dieser Situation heißt die Hauptaufgabe in der neuen Schule nicht mehr Antworten auswendig lernen, sondern die richtigen Fragen stellen können, nicht mehr Problemlösungen lernen, sondern Probleme lösen lernen. Und damit die Schüler dazu in der Lage sind, müssen sie vor allem anderen die Basisfähigkeiten zur Verständigung in unserer modernen Zeit erwerben. Sie müssen Texte wirklich selbst verstehen (und nicht nur wiedergeben) können: Sachtexte, politische Pamphlete, suggestive Werbung, literarische Fiktionen, mathematische Formeln, naturwis-

senschaftliche Modelle, Diagrammlegenden. Sie müssen diese Texte nicht nur in ihrem Sinn verstehen, sondern müssen sie deuten, kritisch hinterfragen, vergleichen können. Und sie müssen das, was sie selbst erkannt haben, eigenständig und verständlich in Wort und Schrift anderen vermitteln und zur Diskussion stellen können.

Diese Fähigkeiten können natürlich nicht einfach nur „formal" erworben werden. Nötig dazu ist ein Grundwissen über elementare Sachverhalte von Natur, Gesellschaft und kulturellen Traditionen. Aber Wissen allein genügt nicht. Das mehr oder weniger sinnleere Abprüfen von Stoffmengen vor allem in den sogenannten Nebenfächern darf nicht der Selbstzweck der Schule bleiben. Methodisches Können rangiert vor quantitativem Wissen.

Daraus folgt für die baulichen Anforderungen an die neue Schule:

Ausstattungsintensive Spezialräume werden – vor allem in den oberen Klassenstufen – auch weiterhin benötigt, wie zum Beispiel naturwissenschaftliche Laborplätze, Musikraum, Werkstätten für Holz, Metall, Keramik, Elektronik. In allen Arbeitsbereichen der Schule braucht es darüber hinaus Leseplätze, Präsentations- und Ausstellungsflächen.

Von wem werden unsere Kinder lernen?

These 5: Von der Einzelkämpferschule zur Teamschule

Das übliche Rollenmuster an deutschen Schulen war in der Vergangenheit der Lehrer als Einzelkämpfer. Der Kollege schließt die Klassenzimmertür hinter sich und öffnet sie erst wieder, um die Schule zum Gang an den eigenen Schreibtisch außerhalb der Schulmauern zu verlassen.

Die zwanzig Schulen, die in den vergangenen drei Jahren mit dem „Deutschen Schulpreis" ausgezeichnet wurden, belegen bei aller Unterschiedlichkeit eine aufschlussreiche Gemeinsamkeit: Um in heutiger Zeit eine wirklich gute Schule zu werden, muss neben den Satz „Ich und mein Unterricht" gleichberechtigt die Haltung treten „Wir und unsere Schule". Handlungsfähige Lehrerteams und kollegiale Kooperation entstehen allerdings weder durch moralische Appelle noch durch gruppendynamische Trockenübungen, sondern durch planvolle Strukturbildung.

Teamarbeit in der Schule ist kein Selbstzweck. Sie muss der Entwicklung des einzelnen Schülers und der Verbesserung des Unterrichts insgesamt dienen. Als Basis schulischer Arbeit ermöglicht sie den aktiven Austausch von Erfahrungen der Kollegen, die gemeinsame Suche nach Lösungen gemeinsamer Probleme, das Formulieren verbindlicher Absprachen und die Verbindung isolierten Fächerwissens. Die Erfüllung solcher Anforderungen an die Teamfähigkeit ist für jeden Schulabgänger Eintrittsbedingung für zahlreiche Arbeitsbereiche in unserer Wirtschaft. Zu Recht stehen sie in den Lehrplänen für das soziale Lernen unserer Schülerinnen und Schüler an prominenter Stelle. Die Erfüllung dieses Lehrplans gelingt dann am besten, wenn Lehrer eben dieses vorleben.

Die Frage der Teambildung ist in unserem Zusammenhang noch unter einem zweiten Gesichtspunkt wichtig: Wann beginnt in einer Schule ein Prozess der Anonymisierung, der Verantwortungsdiffusion, des nicht mehr kontrollierbaren Vandalismus – ablesbar an der Zahl

der Graffitis an den Wänden und der versifften Toiletten? Steigt die Größe einer sozialen Einheit über 120 bis 150 Mitglieder, nimmt die Chance rapide ab, dass jeder jeden wirklich kennt, dass alle sich zu wirklich gemeinsamen „Aktionen" zusammenfinden. Das „Wir-Gefühl" kann zunehmend nur noch symbolisch vermittelt werden. Von den Hutterer-Kommunen, die vor 300 Jahren in Amerika siedelten, wird berichtet, dass sie ein eisernes Gesetz hatten: Sie teilten sich, wenn die Gesamtzahl der Mitglieder über 120 stieg. Die Einsicht in den Zusammenhang zwischen der Zahl der Menschen und der Qualität des Sozial- und Arbeitsklimas hat für die Schule erhebliche Konsequenzen. Dabei müssen wir keineswegs zurück zur alten Zwergschule. Die Lösung für die neue Schule liegt in der Bildung von – auch räumlich ablesbaren – teilautonomen Untereinheiten, die von handlungsfähigen Lehrerteams (sechs bis zwölf Kollegen) organisiert werden – sei es als Jahrgangsteams, sei es als Fachteams.

Das Raumkonzept der Schule muss der sozialen Logik des Arbeitsplatzes entsprechen. Die alte Schule war oftmals dem Modell eines Klosters oder dem einer Kaserne nachgebildet: Betonung der gemeinsamen Mitte, Sicherung der kurzen Wege. Schulen in der zweiten Hälfte des 20. Jahrhunderts folgten zudem in hohem Maße der Idee einer weitgehenden Standardisierung. Die neue Schule dagegen folgt – zumal, wenn es sich um eine große Einrichtung handelt, die mit Anonymisierungsfolgen rechnen muss – eher dem Modell eines Dorfes oder eines Marktes.

Daraus folgt für die baulichen Anforderungen an die neue Schule:

Ihre Räume müssen durch ihre Zuordnung diese Zusammenarbeit unterstützen. Zwei bis maximal sechs Klassenräume werden zu einer teilautonomen Einheit zusammengefasst, die gleichsam als „Schule in der Schule" funktioniert: Den (ausreichend großen!) Klassenräumen sind in unmittelbarer Nähe zugeordnet: die multifunktionale, gemeinsam nutzbare Erschließungsfläche, Differenzierungsräume, ein eigener Sanitärbereich, Teamstützpunkt und individuelle Lehrerarbeitsplätze, Eingangszone und Pausenbereich. Die Außengrenzen dieser Einheit sind real und symbolisch markiert. Diese Einheiten können unterschiedlichen Zwecken dienen: Sie erlauben zum Beispiel die Bildung von Jahrgangsteams in der Sekundarstufe wie auch die Bildung von Fachteams in einer Oberstufe.

Die räumliche Anordnung der Klassenräume in diesem Cluster kann dabei sehr unterschiedliche Formen annehmen: zum Beispiel in einem Kreis oder Halbkreis, in den Ecken eines Polygons, aufgereiht an einer geschwungenen beziehungsweise angewinkelten Linie oder auf mehreren Ebenen oder Halbebenen übereinander geschichtet.

Auch eine in einzelne Einheiten oder Cluster aufgelöste Schule braucht noch gemeinsame Funktionsbereiche: Aula, Sporthalle, Bibliothek, Cafeteria und Mensa, naturwissenschaftliche Fachräume et cetera. Ein ausreichend großer Konferenzraum, der auch für methodisch anspruchsvollen Großgruppenunterricht oder Klausuren nutzbar ist, und ein „elektronisches Schwarzes Brett" in allen Teamstützpunkten ersetzen das traditionelle Lehrerzimmer.

These 6: Von Schulbuch, Arbeitsblatt und Kreide-tafel zum multimedialen Lernen

Das Grundmuster für die Normalsituation von Unterricht in der alten Schule entstand in einer Zeit, in der es weder Radio noch Fernsehen, weder Computer noch Handykamera, weder Internet noch Wikipedia und YouTube gab. Der Lehrer war damals – neben den Eltern – das erste und wichtigste „Tor" zu den Welten, die jenseits des unmittelbaren Erfahrungs- und Handlungsfeldes des Kindes lagen.

Ein Lehrer als reale Person wird – trotz „E-Learning" und „Home-Schooling" – an diesem Tor vermutlich auch bleiben. Allerdings ist ein gewaltiger Rollenwechsel nötig, nachdem ihm das frühere Monopol für die Inszenierung eben dieser Welten endgültig genommen ist. Die Inszenierungsperfektion von Fernsehfilmen und Computersimulationen wird er niemals erreichen können. Umso wichtiger aber wird sein Vorbild in der Auswahl und Deutung dieser Welten. Er wird sich im Unterricht der modernen Medien bedienen wie er bislang Schulbuch, Arbeitsblatt und Kreidetafel benutzt hat. Es ist nur noch eine Frage der Zeit, bis es normal ist, dass ein leichtes E-Book den Inhalt der übervollen Schulranzen ersetzt, bis das interaktive Lernprogramm am Computer die Flut von Abertausenden von Arbeitsblättern überflüssig macht und die umweltschonende Flüchtigkeit der alten Schiefertafeln wieder erreicht, bis das internetgestützte Whiteboard das klassische Kreidetafelbild uneinholbar überrundet.

Die immer weiter fortschreitende Perfektionierung der neuen Medien darf aber nicht zu dem Irrweg eines neuen Versuchs mit dem Nürnberger Trichter [2] verführen. Computer und Internet machen Schule nicht überflüssig. Auf die Schule kommt eine wichtige kompensatorische Aufgabe zu: Gerade um der neuen Technik und ihrer humanen Nutzung willen muss man einen Schritt „zurückgehen". Die Schule muss angesichts des „Prothesencharakters" der modernen Technologie zunächst und vor allem die Eigenkräfte der Kinder und Jugendlichen mobilisieren, sonst verkümmern sie. Die Schule muss vor und mit der Nutzung der perfekten Werkzeuge die Gestaltungskraft der eigenen Sinne, der eigenen Hände, des eigenen Körpers entwickeln. Und sie bekommt angesichts der ungeheuerlichen Beschleunigung, die die digitale Technik ermöglicht hat, die Aufgabe, systematisch zu verlangsamen: innehalten, die eigenen Sinneseindrücke wirken lassen, den zweiten und dritten Blick zulassen, den eigenen inneren Impuls abwarten – darauf kommt es an. Dies aber wird die Schule nur mit der neuen Technik, nicht gegen sie verwirklichen können.

Mit diesen kompensatorischen Aufgaben sind neue Anforderungen verbunden, sie sind in den vorangegangenen und folgenden Thesen aufgenommen. Die architektonischen Neuerungen, die mit der neuen Technik selbst einhergehen, sind vergleichsweise harmlos.

---

2. __ Der aus Nürnberg stammende Dichter Georg Philipp Harsdörffer versprach vor 350 Jahren, die Leser seiner „Dicht- und Reimkunst" benötigten nur sechs Stunden, um das Handwerkszeug des Schriftstellers zu lernen. Doch der „Nürnberger Trichter" entpuppte sich als Scherzartikel.

Daraus folgt für die baulichen Anforderungen an die neue Schule:

Computerräume werden über kurz oder lang durch Laptopklassensätze überflüssig, da alle Fächer Zugriff auf die neuen Medien beanspruchen. Darum müssen alle Räume durchgängig mit entsprechenden Netz- und Beameranschlüssen, Stromversorgung sowie mit Leerrohren in Wänden, Fußboden und Decke ausgestattet werden, um mit zukünftigen Entwicklungen der Informationstechnologie Schritt halten zu können.

Wo werden unsere Kinder lernen?

These 7: Von der geschlossenen Schule zur offenen Schule

Die alte Schule war ein weitgehend geschlossenes System, das aus sich heraus alle notwendigen Ressourcen bereitstellte.
Mit Handy und Internet ist das Postulat der „Pädagogischen Provinz" endgültig Fiktion (siehe These 6). Die neuen Medien machen für die Schüler allerdings (zunächst) auch wieder nur „Sekundärerfahrungen" möglich – nicht aber die wirklich bildenden „primären" Erfahrungen, die unmittelbare, persönliche, aktive Begegnung mit den Sachen selbst.

Schule muss sich darum öffnen, von innen nach außen und von außen nach innen. Besonders während der Sekundarstufe I, in der Phase der Pubertät, müssen die Grenzen der Schule verlassen, Lernfelder außerhalb der Schulgrenzen erschlossen werden, damit die Jugendlichen ganz andere, praktische Erfahrungen sammeln können – in erster Linie die Erfahrung, gebraucht zu werden und sich zu bewähren.

Genauso wichtig ist aber auch, Menschen von außen, aus dem realen Leben in die Schule hin-

einzuholen, als Experten, Mitlerner, als Kritiker der eigenen Ergebnisse. Zugleich kann die Schule als Teil einer Bildungslandschaft ihre räumlichen und ausstattungsmäßigen Ressourcen – zumindest in Teilen – für das kommunale Umfeld öffnen. Schule wird viel stärker als früher Teil eines Alltagskontextes, die Verbindung mit dem Umfeld und dem angrenzenden Quartier ist nicht nur für die Schule, sondern auch für die Stadt um sie herum von grundlegender Bedeutung.

Daraus folgt für die baulichen Anforderungen an die neue Schule:

Zentrale Funktionen, die im kommunalen Kontext eine gemeinsame, halböffentliche Nutzung erlauben (Aula, Bibliothek, Werkstätten, Spielplatz, Sportanlagen, Mensa, Parkplatz et cetera), müssen leicht erreichbar – in der Regel an den Außenrändern des Schulgeländes – angesiedelt werden und über ihre Nutzung eine wichtige Schnittstellenfunktion erfüllen.

Wann werden unsere Kinder lernen?

These 8: Von der Halbtagsschule zur Ganztagsschule

In der alten Schule ging es – wie oben bereits deutlich wurde – vor allem anderen um eine Optimierung der Instruktionsräume. Jetzt hat sich die Aufgabenstellung erweitert.

Zum Ersten: Das Verständnis des Lernens hat sich – wie oben beschrieben – grundlegend verändert. Die Forderung, „vom Kopflernen zum Körperlernen" zu gelangen (These 3), erfordert aber nicht nur die Beachtung elementarer physiologischer Bedürfnisse (Ruhe, Licht und Luft), sondern weit mehr: Zeiten und Räume zum Bewe-

gen – Spielen – Verweilen sind genauso wichtig wie Zeiten und Räume zum kognitiven Arbeiten im engeren Sinn. Die ersteren sind Voraussetzung für letzteres. Aus eben diesem Grund ähnelt die Arbeitsstätte der Google-Mitarbeiter in den USA eher einem Wellness-Center, einer Spielwiese, einem Abenteuerspielplatz als einem klassischen Bürogebäude!

Auch vor dem Hintergrund der gewachsenen Kompensationsfunktion der neuen Schule gegenüber modernen Medien müssen Theaterspielen und Tanzen, Singen und Gestalten, Bewegung und körperliche Herausforderung in vielerlei Varianten durchaus zur Hauptsache werden – im „Tun", nicht im bloßen „Darüber-Reden". Ihr Bildungswert ist genauso hoch wie jener der klassischen „harten" Schulfächer. Dieses „Lernen durch Tun" erfordert ein anderes *setting* als das, das „normaler" Unterricht bereitstellen kann.

Zum Zweiten: Die flächendeckende Verbreitung der gebundenen Ganztagsschule auch in Deutschland dürfte nur noch eine Frage weniger Jahre sein. Die damit einhergehenden Bedürfnisse aber sind keineswegs mit einem Mensaanbau aus Bundesmitteln erfüllt. Die Vorstellung, dass unsere Kinder sich in Zukunft täglich nicht nur ein paar Stunden, sondern den ganzen Tag in halligen dunklen Fluren und auf betonierten Schulhöfen bewegen müssten, ist nicht akzeptabel. Gleiches

gilt für die Lehrer: Sie brauchen angemessene individuelle Arbeitsplätze und gemeinsame Besprechungs- und Aufenthaltsbereiche, wenn sie sich nicht nur zum Unterricht in der neuen Schule aufhalten sollen.

Daraus folgt für die baulichen Anforderungen an die neue Schule:

Hochwertige Aufenthaltsbereiche im Innen- und Außenbereich, Sport- und Spielflächen, Schulgarten und Grünflächen, Nischen zum Nichtstun, Cafeteria, Theaterbühne, Bibliothek et cetera sind genauso wichtig wie Lern- und Arbeitsräume im engeren Sinn. Die Schule selbst muss als Bauwerk zum ästhetischen Vorbild taugen, nicht nur hinsichtlich ihrer Formen und Farben. Gleichzeitig geht es um atmosphärische Dichte, haptische Erfahrbarkeit, ausgeprägte Materialität und räumliche Vielfalt.

Noch ist die neue Schule, in der die nachfolgenden Generationen lernen werden, nur in Konturen erkennbar. Sicher aber ist zum einen: In dieser Schule wird nicht nur in Räumen, sondern auch von den Räumen gelernt werden müssen. Sicher ist zum anderen: Das Haus des Lernens wird nie fertig. Es muss vielmehr im Blick auf seine Wandlungsfähigkeit hin geplant, gleichsam als Gerüst zum Weiterbauen verstanden werden.

Literatur

„Blick über den Zaun" – Verbund reformpädagogisch engagierter Schulen: Unsere Standards. Kein Ort, 2005. www.blickueberdenzaun.de/publikationen/standards.html

Hans Brügelmann: Schule verstehen und gestalten. Konstanz, 2005.

„Der Deutsche Schulpreis": http://schulpreis.bosch-stiftung.de

Peter Fauser u.a.: Was für Schulen! Wie gute Schule gemacht wird – Werkzeuge exzellenter Praxis. Portraits der Preisträgerschulen und der nominierten Schulen des Wettbewerbs 2008. Velber, 2009.

Hartmut von Hentig: Die Schule neu denken. München, 1993.

Falk Jaeger

Schulraum ist Lebensraum
Der Schüler hat das
Maß aller Dinge zu sein

01__Katholisches Freies Gymnasium St. Meinrad, Rottenburg am Neckar, Wulf & Partner, 1994–1997.

Schulkinder sind keine zahlungskräftige Klientel. Schüler sind nicht die Auftraggeber für Schulbauten. Sie sind Verwaltungsgut der Schulbehörden und Bildungsministerien. Praxisorientierte Lehrer und Schulleiter sind nicht die Bauherren, sondern nur Nutzer der ihnen überantworteten Bauwerke. Darin liegt die Misere unseres Schulbaus. Dabei sind gerade Kinder mit ihrer noch so wenig robusten Psyche und Klassen mit ihrer labilen gruppenpsychologischen Konstitution von ihren sinnlichen Erfahrungen, also auch der räumlichen Situation, besonders abhängig. Trotzdem werden in Schulbauwettbewerben dieselben Kriterien zugrunde gelegt wie in Konkurrenzen für Bürohochhäuser oder Einkaufszentren, und diese Kriterien unterliegen aktuellen Moden oder örtlichen Doktrinen.

Dann sieht eine neue Schule zum Beispiel wie jene in Berlin-Hohenschönhausen aus: ein fabrikähnliches Gebäude mit fahl-grünen Betonsteinfassaden und mit 220 Meter langen Fluren, an denen sich die Klassenzimmer soldatisch aufreihen. Der Architekt, der diese 1997 fertiggestellte Gesamtschule gebaut hat, mag sich in einem solchen Ambiente wohlfühlen, aber er ist damit ziemlich allein. Nur aus dem Kollegenkreis bekommt er Beifall. Die Schüler allerdings hätten sich in der Jury anders entschieden, und Schulpsychologen wurden nicht zu Rate gezogen.

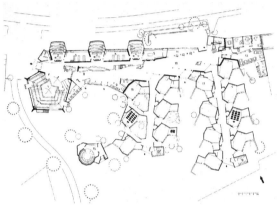

02__Geschwister-Scholl-Gymnasium (heute: Gesamtschule), Lünen, Hans Scharoun, 1956–1962. Teilansicht und Grundriss.

Licht, Luft und Sonne – und Geborgenheit

Schon in den 1920er Jahren hat es Versuche gegeben, den Schulbau aus dem Schematismus immergleicher Klassenzimmerfluchten zu befreien. Ein herausragendes Beispiel ist die noch immer existierende Freiluftschule (Openluchtschool), die Johannes Duiker 1927 bis 1930 in Amsterdam erbaute. Der viergeschossige Betonskelettbau ist rundum großzügig verglast, bis auf die Südecke, die in allen Geschossen offene Freiluftklassenzimmer aufweist. Zwei weitere Klassen konnten auf der Dachterrasse unterrichtet werden. Die Einbeziehung von Umraum und Natur, bei günstigem Wetter von Freiluft und Sonne, *in toto* die maximale natürliche Belichtung war Programm und ist in dieser Konsequenz später kaum jemals realisiert worden (siehe dazu auch den Beitrag von Arno Lederer, Seite 16).

Bestand in den 1920er Jahren primär das Anliegen darin, den Kindern gesunde Räume, also im Gegensatz zu ihrer oft unzuträglichen Wohnsituation helle, sonnige, gut belüftete und geheizte Räume zu verschaffen, so rückte Hans Scharoun nach dem Krieg auch die gesellschaftliche Situation ins Blickfeld. „Der Mensch ist nicht abstrakt, und so ist es auch nicht die Menschenbildung und schließlich nicht der Ort – die Behausung. Alles sollte geborgen, geordnet und gleichgewichtig unter einem Dach leben – Verstand und Gemüt, Wissen und Handfertigkeit – die voll bewegte Tätigkeit des Geistes überhaupt", sagte er 1961 anlässlich der Grundsteinlegung der Grund- und Hauptschule in Marl. Er verfolgte in den 1950er Jahren mit seinen Schulentwürfen gesellschaftliche Ziele, wie sie ihm nach den Erfahrungen des Nationalsozialismus angebracht schienen und wie sie 1947 in den „Grundsätzen zur Demokratisierung des Erziehungswesens in Deutschland" des Alliierten Kontrollrats 1947

03__Mittelpunktschule „In den Berglen", Oppelsbohm,
Behnisch & Partner, 1966–1969. Zentrale Halle.

04__Evangelische Gesamtschule, Gelsenkirchen-Bismarck,
Hübner - Forster - Eggler (plus+ bauplanung GmbH),
1993–2004. „Marktplatz" im Zentrum und Lageplan.

formuliert worden waren. Eine gesamtheitliche
Erziehung des „wohlabgewogenen Individuums"
war darin als Ziel genannt. Ausdrücklich war dort
den individuellen Unterschieden ein hoher Wert
zugemessen worden, denn die Kraft der Demokratie beruhe auf Verschiedenheit. Scharoun sah
die Institution Schule als Modell der Gesellschaft,
das Schulgebäude als verkleinertes Abbild der
Stadt. 1951 zeigte er in der Ausstellung zum
Darmstädter Gespräch „Mensch und Raum"
einen prototypischen Entwurf. Realisieren konnte
er seine Ideen 1956 bis 1962 in Lünen und 1961
bis 1966 in Marl.

„Klassenwohnungen" – den Entwicklungsstufen der Schüler angepasst

Rückgrat seiner als Mädchengymnasium errichteten Schule in Lünen ist die langgestreckte
Halle mit dem Lehrertrakt am einen und der Aula
am anderen Ende, ein vielgestaltiger Raum als
Treffpunkt und Verbindungsweg. An der Nordsei-
te schließen sich drei hörsaalartige Fachklassen
und Laborräume an – zur Bauzeit nicht selbstverständlich, da es sich um ein Mädchengymnasium
handelte – während nach Süden zwei Flure mit
den Klassenzimmern abzweigen. „Klassenwohnungen" möchte man eher sagen, denn den sie-
beneckigen Klassenräumen ist jeweils ein Garde-
robenvorraum und ein Gruppenraum zugeordnet.
Zudem gehört zu jeder Klasse ein geschützter
Gartenhof für den Unterricht im Freien.

Scharoun hatte sich bemüht, mit dieser
Organisation und den Raumzuschnitten den
Entwicklungsstufen der Kinder gerecht zu
werden. Die Klassenwohnungen der jüngsten
Schülerinnen, die von einer „naiven Distanzlosig-
keit der Umwelt gegenüber" geprägt seien, sind
extrovertiert organisiert. Jene für die mittlere, von
introvertiertem Verhalten geprägte Altersgruppe
sind entsprechend abgeschirmt. Die Räume der
ältesten Schülerinnen, die sich in der Phase der
Entfaltung ihrer Individualität befinden, liegen eine
Treppe höher, mit eigenen Dachterrassen und
eigenem Pausenbereich. Auch die wunderbaren
Kunst- und Werkräume mit Ateliercharakter liegen
im Obergeschoss.

„Klassenhäuser" – von multifunktionalen Gesellschaftsräumen erschlossen

Doch die Idee der individualisierten Schulräume fiel nur in Skandinavien auf fruchtbaren Boden und beeinflusste dort den Schulbau nachhaltig. Mehr Anhänger hierzulande fand Scharouns Bild von der Schule als „kleiner Stadt" mit Marktplatz, Straßen, Rathaus (Direktion) und Klassen-„häusern". Dahinter steckt die Idee, die Kinder als „Bürger" zu sehen, die ihr Leben in der Schule analog dem Dasein außerhalb selbst bestimmen und organisieren und die dazu geeigneten interaktiven Räume benötigen. Das Schulhaus ist nicht mehr wie ein Kasernenbau organisiert, die Verkehrsflächen sind nicht mehr nur minimierte Flure und Wege, durch die an ihnen aufgereihte Nutzungen zugänglich sind. Für Scharouns zentrale Erschließungsräume gibt es keinen gängigen Begriff, nur Metaphern wie Marktplatz, Straße, Foyer und dergleichen. Bewegungs- und Aufenthaltsräume also, in denen gesellschaftliches Leben stattfindet, Gesellschaft sich bildet.

Den nächsten Schritt sind Behnisch & Partner mit ihren Schulen gegangen, zunächst 1966 bis 1969 bei der Mittelpunktschule „In den Berglen" bei Oppelsbohm, dann noch konsequenter ab 1971 mit dem Schulzentrum in Lorch. Nicht nur, dass sie mit all den ihnen zur Verfügung stehenden Mitteln bei der Gestaltung der Räume versuchten, den Muff der überkommenen „Penne" zu konterkarieren und die Stimmung auf heiter zu trimmen, indem sie nonchalant freundliche Farben, viel Tageslicht, unprätentiöse Materialien und leichte Konstruktionen einsetzten. Sie erweiterten die Erschließungsflächen zu einer zweigeschossigen zentralen Halle, zu einer kommunikativen Zone, die die Funktion der Aula mit übernimmt. Auch der Musiksaal kann über flexible Wände angeschlossen werden. Schulfeiern finden nicht mehr hinter den geschlossenen Türen der Aula als frontale Veranstaltungen statt, sondern füllen auf informellere Weise das gesamte Haus. Dass sich daraus ein ganz anderes Verhältnis der Schüler zur Institution Schule ergibt, ein souveräneres, ungezwungeneres, leuchtet ein.

05__Helfenstein-Gymnasium, Geislingen/Steige, Klaus von Bock, 2000–2001.

Von der zentralen Treppenhalle zum alle Sinne anregenden Raumkontinuum

Das Prinzip, die Treppenhalle als zentrale Arena zu nutzen, machte Schule, meist jedoch nur, weil sich durch den Verzicht auf eine eigentliche Aula Bau- und Unterhaltskosten sparen ließen. Zur konsequenten Durcharbeitung des Prinzips Kommunikation reichte es selten. Oft sind es dann Protagonisten der von Behnisch geprägten südwestdeutschen Architekturschule, die solche Räume und Organisationsformen umsetzen.

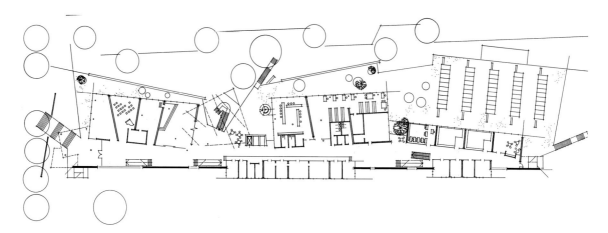

06__St. Benno-Gymnasium, Dresden, Behnisch, Behnisch & Partner, 1996. Grundriss erstes Obergeschoss und zentrale Halle.

Zum Beispiel Hübner - Forster - Eggler (plus+ bauplanung) mit der Evangelischen Gesamtschule in Gelsenkirchen-Bismarck (1993 – 2004), Wulf & Partner mit dem Katholischen Freien Gymnasium St. Meinrad in Rottenburg am Neckar (1994 – 1997) oder Klaus von Bock mit dem Helfenstein-Gymnasium in Geislingen/Steige (2000 – 2001).

Günter Behnischs letzter Schulentwurf, der von seinem Sohn Stefan Behnisch mit bearbeitet und realisiert worden ist, steigert den kommunikativen Aspekt zum Architekturerlebnis. Beim 1996 fertiggestellten St. Benno-Gymnasium in Dresden bilden die Flure, die gewächshausartige Eingangshalle und die Treppenläufe ein Raumkontinuum mit immer neuen Eindrücken und Stimmun-

gen, mit überraschenden Ein- und Ausblicken. Ein Raum zum Flanieren, zum Sehen und Gesehen-werden. Jeglicher Schematismus ist aufgegeben, jeder Raum hat seinen eigenen Charakter. Hier kann man aus der Architektur alles lernen, außer Ordnungsliebe und formalisierte Disziplin.

Die Schule als Teil eines Kultur- und Wissenszentrums

Dass Architektur auch gebaute Sozialarbeit sein kann, bewies der schwedische Architekt Gert Wingårdh etwa zur selben Zeit (1995) mit dem Ale Kulturzentrum und Gymnasium in Nödinge, einer kleinen Wohnstadt nördlich von Göteborg mit erheblichen sozialen Problemen. Neben einem schäbigen Einkaufszentrum, das bislang das Zentrum bildete, entstand ein Multifunktionsbau, der sich mit den Wohnungsbauten durch das gleiche Baumaterial, einem hellen Klinker, verbindet. Die offene Schule mit ihrem vielfältigen Angebot an Bildungs- und Freizeitmöglichkeiten – von der Bibliothek über Musik und Kunst bis zum Theater – vor allem für die Jugendlichen hat das Quartier merklich stabilisiert.

Wer beim Eintreten einen Schulflur erwartet hatte, wird überrascht, denn er steht in einem eindrucksvollen, ansteigenden Raum mit hölzerner Dachkonstruktion. Wie ein Weinberg staffelt sich die Bibliothek mit ihren Ebenen nach oben, ohne den Schematismus einschüchternder endloser Bücherreihen. Attraktiv und übersichtlich macht die Bücherei das erste Angebot, dem weitere folgen: rechter Hand der Theatersaal, links die Sport- und Veranstaltungshalle und der gleichzeitig als Foyer fungierende, mit Polsterbänken und Sitzgruppen bestückte große grüne Lichthof mit seinen Aufenthaltsmöglichkeiten. Von dröger Schulatmosphäre ist nichts zu spüren. Einige Schritte weiter schließt sich ein zweiter, rot dominierter Lichthof mit angrenzenden Lehrerzimmern und Verwaltungsräumen an, dann der blaue, der „ruhige" Lichthof, auch er dreieckig und von zwei Geschossen Galerien umgeben.

Die Schule für 800 Schüler und die öffentlichen Funktionen sind eng miteinander verwoben. Der nördliche Trakt ist ein ehemaliger Teil des Einkaufszentrums, der in die Anlage integriert wurde und ein Zentrum für Erwachsenenbildung, die Mensa und Studios für Medienkurse aufnahm. Vielleicht liegt es an den abwechslungsreichen, mal engen, mal weiten, mal übersichtlich hellen, mal dunkleren, heimeligeren Räumlichkeiten, vielleicht an den einfachen, durchaus robusten Materialien, vielleicht an der sympathischen, in Gelbtönen changierenden Farbpalette des von der Holzkonstruktion und von Ziegelwänden dominierten Gebäudes, jedenfalls wird das Haus von seiner nicht unproblematischen Klientel gut angenommen.

Nicht weit davon, in Kungälv, entwickelte Wingårdh das Prinzip „Kultur- und Wissenszentrum" noch weiter. „Mimers Hus" (2004) ist ein großer Baukomplex, der Schulen, Bibliothek, Kunsthalle, Veranstaltungssaal, Theater und andere Funktionen miteinander verknüpft. Die Schule ist nicht mehr eine abgeschlossene architektonische Einheit. Schüler, die aus dem Klassenzimmer treten, treffen auf Passanten und Nutzer des städtischen Kulturangebots. Schule ist Stadtleben und bildet ganz selbstverständlich gesellschaftliche Konventionen und Lebensformen aus.

Die alte Streitfrage: Unspezifische oder individuell bestimmte Räume?

Vergleicht man die Schulbaukonzeptionen, deren Urhebern man ein überdurchschnittliches pädagogisches und architektonisches Engagement bescheinigen kann, sind zwei gegensätzliche architektonische Auffassungen zu erkennen. „Mach det Ding groß genug", sagen die einen mit Mies van der Rohe und dringen auf unspezifische, universell nutzbare Räume. Andere schlagen individuell bestimmte Räume vor, die in Größe und Charakter möglichst genau der Nutzung entsprechen sollten, wie es Scharoun in Lünen

07__Ale Kulturzentrum und Gymnasium in Nödinge bei Göteborg, Gert Wingårdh, 1995.

gezeigt hat. Der rasche Wandel der Unterrichtsformen legt die Ansicht nahe, dass unspezifische Räume, die dem Reformeifer der Bildungspolitiker möglichst wenige Hindernisse in den Weg legen, wohl eher dem Schulalltag gerecht werden. Doch funktionieren auch die Schulen von Scharoun bis zu jenen von Behnisch nach wie vor wunderbar und erfreuen sich großer Beliebtheit und Identifikation.

Vielleicht kommt es vor allem auf die Qualität an, die sich so schwer fassen und definieren lässt, auf die Zuwendung der Architekten zu den Nutzern. Wenn sich die Architekten von anderen Entwurfsprämissen befreien, sich in die Schüler und Lehrer hineinversetzen und versuchen, „Räume zum Wohlfühlen" zu entwerfen, ist schon fast alles gewonnen. Leider scheint diese Fähigkeit nur wenigen Architekten gegeben zu sein. Die anderen sollten sich dann besser des Entwurfs von Schulen enthalten. Und des Mitwirkens in entsprechenden Jurys.

Barbara Pampe

Warum sind die anderen besser?

Schul(bau)entwicklung
in der Schweiz,
in den Niederlanden
und in Finnland

01__Schulanlage Leutschenbach, Zürich-Schwamendingen, Christian Kerez, 2009. Typus Turmbau: Eine Doppelsporthalle,
22 Klassenzimmer auf drei Geschossen sowie Mehrzwecksaal, Mediathek, Werkstätten, Fachräume, eine Mensa und ein
Kindergarten – alles unter einem Dach.

Seit der Bekanntgabe der Ergebnisse der PISA-Studien (ab 2001) gilt das Interesse der pädagogischen Fachöffentlichkeit in Deutschland verstärkt anderen europäischen Ländern, die im Ranking besser abschneiden. Pädagogen, Vertreter der Schulverwaltungen und Architekten insbesondere aus Skandinavien, aber auch aus der Schweiz und den Niederlanden werden zu internationalen Konferenzen eingeladen und berichten über ihre jeweiligen Konzepte, Programme und Schulentwicklungsprozesse. Dabei erscheinen nicht nur die Bildungssysteme „der Anderen" erfolgreicher als das deutsche, sondern auch die Schulgebäude geben überzeugendere Antworten auf die veränderten Bedürfnisse und Wünsche von Schülern und Lehrern heute.

Um besser zu verstehen, warum die Schulen in diesen Ländern anders aussehen, die Leistungen der Schüler auf einem beachtlich hohen Niveau sind, die Lehr-Lern-Prozesse anders ablaufen und Lehrer, Schüler und Eltern augenscheinlich zufriedener sind als bei uns, werden im Folgenden exemplarisch die Bildungssysteme und die Bedingungen für eine neue Schularchitektur in der Schweiz, in den Niederlanden und in Finnland beschrieben und anschließend jeweils zwei charakteristische Schulbauten in diesen Ländern dargestellt.

02__Schulanlage Leutschenbach, Zürich-Schwamendingen. Aufenthaltsbereich vor den Unterrichtsräumen.

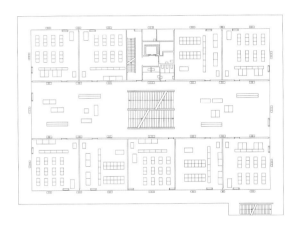

03__Schulanlage Leutschenbach, Zürich-Schwamendingen. Grundriss des ersten Obergeschosses mit neun jeweils 84 Quadratmeter großen Klassenräumen.

Fallstudie Schweiz: hohe handwerkliche Qualität

In der Schweiz verteilen sich die Kompetenzen des Bildungswesens auf den Bund, die Kantone und die Gemeinden. Allerdings verfügen die Kantone über eine weitgehende Autonomie, sodass es in den einzelnen Kantonen Abweichungen in den Festlegungen zum Beispiel bezüglich der Schulpflicht und der Dauer der Primar- und Sekundarstufe gibt. Darüber hinaus verpflichtet aber die Schweizerische Konferenz der kantonalen Erziehungsdirektoren die einzelnen Kantone zur Zusammenarbeit im Bildungsbereich.

Die obligatorische Schullaufbahn besteht aus einer fünf- bis sechsjährigen Primarstufe und einer drei- bis vierjährigen Sekundarstufe I. Der Schulbesuch an öffentlichen Schulen ist kostenlos. Die Zahl der Schüler, die eine Privatschule besuchen, ist im europäischen Vergleich sehr niedrig: Mit 3,4 Prozent sind es sogar noch weniger als im „privatschularmen" Deutschland mit seinen 7,4 Prozent. Das hängt sicherlich damit zusammen, dass das öffentliche Bildungssystem in der Schweiz grundsätzlich als hinreichend gut empfunden wird.

Mitte der 1990er Jahre wurden in der Schweiz Änderungen des staatlichen Schulsystems notwendig. Moderne Unterrichtsformen bezogen sich immer mehr auf den einzelnen Schüler, gleichzeitig nahm das Lernen in Gruppen zu, die mehr als nur eine Jahrgangsstufe umfassen. Die Rolle des Lehrers änderte sich entscheidend: vom Einzelkämpfer und bloßen Stundenhalter zum Lernanreger, -berater und -begleiter und zum Teamarbeiter. Diese Änderungen führten rasch zu der Erkenntnis, dass die Räumlichkeiten in den vorhandenen Schulen diese neuen Lehr- und Lernformationen behinderten, ja häufig sogar gänzlich verhinderten. Gleichzeitig stieg der Bedarf an zusätzlichen Räumlichkeiten für die Ganztagsbetreuung. Daraus ergab sich die Notwendigkeit, neue Schulen zu errichten und bestehende Schulen grundlegend zu sanieren und/oder zu erweitern.

Aufgrund des daraus resultierenden Baubooms und mit Blick auf die veränderten Bedürfnisse der Schulen wurden neue Schulbaurichtlinien entwickelt. Als Grundvoraussetzung für die Planung neuer Schulen wurde zum Beispiel in Zürich ein Planungsprozess festgelegt, der die Schulbehörden, die Schulverwaltung, das Hochbauamt und seit 2002 auch die Immobilien-Bewirtschaftung der Stadt Zürich (IMMO) einbezieht. Ebenso wurde festgelegt, dass für jeden Neubau ein Architekturwettbewerb ausgeschrieben werden müsse, um bei den Bauten eine hohe städtebauliche und architektonische Qualität zu erzielen.

Wer die Schulgebäude der Schweiz in Augenschein nimmt, dem wird deren hohe handwerkliche Qualität sofort auffallen. Die verwendeten Materialien und Einrichtungsgegenstände, deren Verarbeitung und Oberflächen sind in der Regel von höherer Qualität als in deutschen Schulen. Offensichtlich ist der Begriff der Dauerhaftigkeit für die Schweizer Bauherrschaften ein wesentliches Kriterium, das in Deutschland häufig zugunsten günstiger Erstellungskosten eine nachrangige Bedeutung hat. So sind in der Schweiz durchaus Architekturen anzutreffen, die nicht gerade hohen gestalterischen Standards genügen, die aber allein durch die handwerkliche Qualität eine hohe Akzeptanz erfahren. Die im Folgenden beschriebenen Schulbauten zeigen, wie die neuen Anforderungen an neue Lernwelten in den letzten Jahren baulich umgesetzt wurden.

Schulanlage Leutschenbach, Zürich-Schwamendingen

Die 2009 fertiggestellte Schulanlage Leutschenbach in Zürich-Schwamendingen ist das Ergebnis eines Wettbewerbs, aus dem das Architekturbüro Christian Kerez als Sieger hervorging. Das Schulhaus ist mit 22 Klassenzimmern sowie einem Mehrzwecksaal, einer Doppelsporthalle, einer Mediathek, Werkstätten und Fachräumen, einer Mensa und einem Kindergarten das zweitgrößte Schulgebäude, das in den letzten Jahren in Zürich gebaut worden ist. Basis des Wettbewerbes war ein pädagogisches Konzept mit genauen Vorstel-

lungen seitens der Schulpädagogen, wie Schüler in diesem Gebäude lernen sollten und wie Lehrer in diesem Gebäude unterrichten wollten.

Die Organisation der Schule entspricht den heutigen Vorstellungen, wie eine zukunftsfähige Schule aussehen solle. Die Unterrichtsräume haben eine ausreichende Größe (84 Quadratmeter), um unterschiedliche Lernformationen wie Einzelunterricht, Gruppenarbeit, Einzelarbeit und Demonstration zu ermöglichen. Die vor den Unterrichtsräumen gelegenen Aufenthaltsbereiche bieten Raum für klassenübergreifende Projektarbeit, aber auch für Ausstellungen und Veranstaltungen. Die gegenläufige Treppenanlage in der Mitte des Schulhauses ermöglicht es, die Primarstufenklassen von den Oberstufenklassen zu trennen und somit innerhalb der großen Schule kleinere, überschaubare Sozialeinheiten zu schaffen, sogenannte Schulen in der Schule. Innerhalb der Geschosse bilden wiederum vier Klassenzimmer mit dem verbindenden Gemeinschaftsraum eine Einheit (Cluster). Diese Multifunktionszone ist uneingeschränkt möblier- und nutzbar, da die umlaufenden Balkone den zweiten baulichen Rettungsweg bilden.

Schulhaus Baumgarten, Buochs

Für den Neubau des Schulhauses Baumgarten in Buochs wurde 2004 ein Wettbewerb ausgeschrieben, den das Büro pool Architekten gewann. Das 2006 eröffnete Primarschulhaus bildet mit sieben älteren Schulgebäuden ein Ensemble, indem es in der Mitte der Anlage einen zentralen Pausenplatz ausweist.

Die Organisation der Unterrichtsräume reagiert auf die neuen pädagogischen Anforderungen: Die Klassenzimmer sind zwar mit 70 Quadratmeter nicht viel größer als ein Standardklassenzimmer, aufgrund ihrer annähernd quadratischen Form sind sie aber vielfältig möblierbar. Jeweils zwei Klassenräumen ist ein Gruppenraum zugeordnet, der – wie in der Munkegard-Schule von Arne Jacobsen in Gentofte bei Kopenhagen (1952–1956) – gleichzeitig Erschließungszone ist. Der Zwischenraum kann auch als klassenübergreifender Projektraum genutzt werden. Doppelflügelige Glastüren ermöglichen es, die einzelnen Bereiche zu größeren Flächen zusammenzuschalten. Die Belichtung der Mittelzone erfolgt durch Oberlichter, die durch eine komplexe Dachgeometrie entstehen.

04__Schulhaus Baumgarten, Buochs, pool Architekten, 2006. Teilansicht.

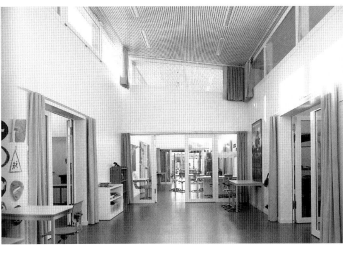

05__Schulhaus Baumgarten, Buochs. Jeweils zwei Klassenräume teilen sich einen Gruppenraum, der gleichzeitig Erschließungszone ist.

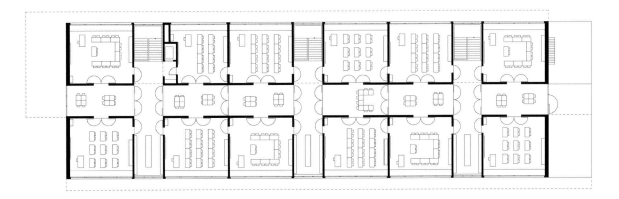

06__Schulhaus Baumgarten, Buochs. Grundriss Obergeschoss mit zwölf jeweils paarweise angeordneten Klassenräumen und durchgehender Erschließungszone, die zugleich Gruppenraum ist.

Fallstudie Niederlande: hoher Anteil von Privatschulen

Das niederländische Bildungssystem unterscheidet sich grundsätzlich vom deutschen: Prinzipiell steht es jedem Bürger frei, ausgehend von seiner Religion oder von einem bestimmten pädagogischen Konzept eine eigene Schule zu gründen. Private und staatliche Schulen werden unter den gleichen Bedingungen und in gleicher Höhe vom Staat finanziert. Mit welchen Methoden dort unterrichtet wird, steht den Schulen frei. Staatliche Richtlinien legen aber qualitative und quantitative Standards für die Ausbildung und deren Ergebnisse sowie für die Bereitstellung finanzieller Mittel fest.

Durch regelmäßige Evaluationen der privaten wie der staatlichen Schulen wird überprüft, ob sie diesen Anforderungen entsprechen. Ebenso wird durch landesweite staatliche Tests überprüft, ob die Schüler den Leistungsanforderungen gerecht werden. Aufgrund dieser Regelung besuchen über 70 Prozent der Schüler in den Niederlanden eine Privatschule. Die konkurrierende Situation unter den einzelnen Schulen hat nicht nur positive Auswirkungen auf die Pädagogik, sondern auch auf die Architektur. Es liegt auf der Hand, dass bei der Auswahl der geeigneten Schule die Qualität der Baulichkeiten eine nicht unerhebliche Rolle spielt. Obwohl Deutschland im Vergleich einen sehr geringen Anteil privater Schulen hat, kann man auch hierzulande seit einigen Jahren – seit die Nachfrage nach privaten Schulen steigt – be-

07__Brede School De Matrix, Hardenberg, Marlies Rohmer, 2007. Teilansicht. Zwei Grundschulen, zwei Turnhallen und zahlreiche Betreuungs- und Beratungsangebote für Erwachsene und Kinder verteilen sich auf fünf Gebäude.

08__Brede School De Matrix, Hardenberg. Jeweils fünf Unterrichtsräume sind um eine Mittelzone für klassenübergreifendes Arbeiten und Lernen angeordnet.

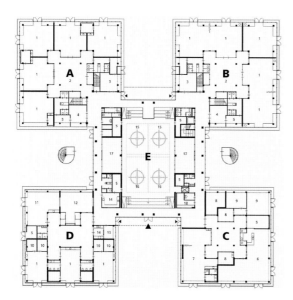

09__Brede School De Matrix, Hardenberg. Grundriss der Erdgeschosse beider Grundschulen (A und B), des Kindergartens (C), des medizinischen Zentrums für Krankengymnastik und Logopädie (D) und der multifunktionalen Halle (E).

obachten, dass bei privaten Trägern die Frage der räumlichen Qualitäten von Schulbauten insgesamt einen höheren Stellenwert hat.

Die Grundschule dauert in den Niederlanden acht Schuljahre. Das Schulsystem sieht eine Schulpflicht vom fünften bis zum sechzehnten Lebensjahr vor, die sich bis zum achtzehnten Lebensjahr verlängert, wenn bis dahin keine Ausbildung abgeschlossen wurde.

In den 1990er Jahren haben die Schulen in den Niederlanden begonnen, sich zu den Stadtquartieren hin zu öffnen und Kooperationen mit kulturellen und sozialen Einrichtungen einzugehen. Aus Schulen wurden Stadtteilzentren, die Aufgaben und Einrichtungen wie zum Beispiel Erwachsenenbildung, Erziehungsberatung, Musikschule, Sportangebote, Kindertagesstätten und Bibliothek unter einem Dach verbinden. Brede School, Forum School, Venster School, Community School und Art Magnet School sind die regional unterschiedlichen Bezeichnungen für diese Art von Ganztagsschulen, die mehr als nur Schulen im traditionellen Sinn sind. In Deutschland wird – allerdings fünfzehn Jahre später als in den Niederlanden – dieses Konzept unter dem Namen „lokale Bildungslandschaften" diskutiert und mittlerweile auch in Pilotprojekten umgesetzt.

Brede School De Matrix, Hardenberg

Im Jahr 2004 erteilte die Gemeinde Hardenberg nach einem Wettbewerb dem Architekturbüro Marlies Rohmer den Auftrag zum Neubau einer Brede School im Zentrum von Marslanden, einem Neubaugebiet mit knapp 10 000 Einwohnern auf der grünen Wiese. Die 2007 fertiggestellte Brede School De Matrix beherbergt zwei Grund-

10__Metzo College, Doetinchem, Erick van Egeraat, 2006.
Gesamtansicht.

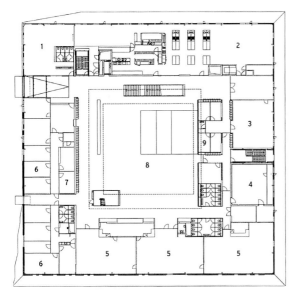

11__Metzo College, Doetinchem. Grundriss des zweiten
Obergeschosses.

12__Metzo College, Doetinchem. Die Kantine im Zentrum
des Gebäudes.

schulen – eine städtische und eine protestantische –, um die ein Netz von Betreuungs- und Beratungsangeboten für Erwachsene und Kinder sowie zwei Turnhallen und eine große Halle für Veranstaltung und Feste gespannt wird.

Die Schulanlage gliedert sich in vier Einzelbaukörper, die durch einen zentralen Baukörper verbunden sind. In den vier Baukörpern sind die beiden Grundschulen, ein Kindergarten und das medizinische Zentrum für Krankengymnastik und Logopädie untergebracht. In den Grundschulen sind pro Geschoss jeweils fünf Unterrichtsräume um eine Mittelzone angeordnet, die ein klassenübergreifendes Arbeiten und Lernen ermöglicht. Die Unterrichtsräume lassen sich über mobile Wände zu dieser Zone öffnen. In der protestantischen Grundschule können auch die Unterrichtsräume über Faltwände zusammengeschaltet werden.

Der zentrale Baukörper beherbergt im Erdgeschoss eine multifunktionale Halle, die als Gemeinschaftszone für alle Einrichtungen dient. Sie wird als Mensa, Gymnastikhalle, Spielfläche und sogar als Kirche genutzt. Nach Schulschluss steht sie Gruppen und Vereinen des Stadtteils zur Verfügung. Die Turnhallen und das Sportfeld befinden sich in den Geschossen über der zentralen Gemeinschaftshalle.

Die Architektur der Schule versucht, sich nicht dem Stil der umgebenden Bebauung und regionalen Ausprägungen anzupassen. Aus der Annahme heraus, dass vermutlich im angrenzenden Neubaugebiet eine sehr heterogene Wohnhäuserarchitektur entstehen wird, setzt sich das Schulgebäude bewusst davon ab und versucht, eine identitätsstiftende und markante Architektur zu erzeugen. Die strukturalistische Fassade vermeidet Rückseiten und lässt eine flexible Raumeinteilung im Inneren zu. Aufgrund ihrer Architektur sowie des Zusammenspiels von Pädagogik und Architektur erhielt die Brede School De Matrix beim Niederländischen Schulbaupreis 2008 eine Auszeichnung.

Metzo College, Doetinchem

Das 2006 gebaute Metzo College in Doetinchem, ein vom Architekturbüro Erick van Egeraat entworfenes Berufsschulzentrum, wurde mit dem Niederländischen Schulbaupreis 2006 in der Kategorie Weiterführende Schulen ausgezeichnet. Hervorzuheben ist hier vor allem der Entstehungsprozess des Neubaus: Nachdem der Bauherr sich entschlossen hatte, drei unterschiedliche Berufsschulzweige an einem Standort zusammenzuführen, entwickelten die Schulverwaltung und die Lehrer gemeinsam ein zukunftsorientiertes pädagogisches Konzept, das als Grundlage für den Architekturwettbewerb diente. Ebenso überzeugten die Jury die städtebaulichen und architektonischen Qualitäten des Neubaus: Um möglichst viel Grünfläche und alten Baumbestand zu erhalten, hatten sich die Architekten für ein kompaktes Gebäudevolumen entschieden – für einen sechsgeschossigen Pyramidenstumpf. Die markante Form mit den schrägen Fassaden verleiht dem Gebäude einen identitätsstiftenden Charakter. Die Gebäudeform dient sogar als Logo für die neue Schule.

Im Inneren ist das Gebäudevolumen klar gegliedert. In den oberen drei Geschossen befinden sich die Klassenräume, die sich zur Landschaft orientieren, sowie offene Lernzonen, individuelle Studierzimmer und Lehrerarbeitsplätze, die sich um einen Patio gruppieren. Die Kantine auf der Eingangsebene bildet das Herzstück der Schule. Sie wird über den Patio durch Lichtbänder natürlich belichtet. Unterhalb der Eingangsebene befindet sich die Turnhalle, die auch einen direkten Zugang von außen besitzt, damit eine Nutzung durch die Bevölkerung des Stadtteils möglich ist.

Fallstudie Finnland: hoher gestalterischer Anspruch

In Finnland scheint man es schon lange verstanden zu haben: Wenn sich die Lehr- und Lernformen ändern, müssen die Lernumgebungen diese Änderungen ermöglichen. Durch eine dezentral organisierte Verwaltung, das Fehlen von restriktiven gesetzlichen Vorgaben, eine hohe Wertschätzung von Bildung und Erziehung und einen praktizierten intensiven Dialog zwischen Pädagogen, Behörden und Architekten entstehen Schulgebäude, die für Veränderungen offen sind und deren Räume auf die Bedürfnisse der Kinder und Erwachsenen eingehen. In diesen Schulen fühlen sich nicht nur Schüler und Lehrer wohl: Sie machen einen wichtigen Bestandteil im öffentlichen Leben der Gemeinden und Städte aus. Welche Entwicklungen haben zu diesem Ergebnis geführt?

Bereits in den 1970er Jahren wurde in Finnland das Gesamtschulsystem eingeführt. Mitte der 1990er Jahre wurde dann das gesamte finnische Bildungssystem reformiert. Es wurde stärker dezentralisiert, Eigenverantwortung und Handlungsspielraum der Schulen wurden erweitert. Die Schulen können nun selbst über die Lehrmethoden und Unterrichtsmaterialien entscheiden. Staatliche Rahmenlehrpläne geben Normen und Empfehlungen vor, die den Gemeinden als Grundlage dienen, eigene Lehrpläne zu erarbeiten. Die Einhaltung der Bildungsstandards wird vor allem über Selbstevaluationen von den Schulen eigenständig überprüft. Außerdem nehmen die Schulen freiwillig an Evaluationen durch das Zentralamt für Unterrichtswesen teil, um so ihre Stärken und Schwächen zu erfahren und gegebenenfalls Konsequenzen daraus zu ziehen und ihre Leistung zu steigern.

Die obligatorische Schule in Finnland besteht aus einer sechsjährigen Primarstufe und einer dreijährigen Sekundarstufe I. Der Unterricht in der Vorschule, in der Primarstufe und in den Sekundarstufen I und II ist kostenlos, ebenso wie zahlreiche soziale Leistungen, insbesondere das mittägliche Schulessen.

Ende der 1990er Jahre wurden innerhalb des architekturpolitischen Programms wichtige Grundsätze zur Vorbildfunktion öffentlicher Bauten bezüglich städtebaulicher, gestalterischer und konstruktiver Qualitäten sowie hinsichtlich ihrer Wirtschaftlichkeit und Nachhaltigkeit festgelegt.

13__Gesamtschule Aurinkolahti, Helsinki-Vuosaari, Jeskanen-Repo-Teränne Arkkitehdit Oy mit Leena Yli-Lonttinen, 2002.
Die Gemeinschaftseinrichtungen – hier die Mensa, die auch als Aula dient – bilden das Herzstück des Schulzentrums.

Dass der Gedanke der Vorbildfunktion nicht nur die technischen und ökonomischen Bereiche des Bauens beinhaltet, sondern die gestalterische Seite eine gleichwertige Gewichtung erhält, verdeutlicht den Unterschied zu vielen deutschen Projekten, bei denen Architektur mehr als schmückendes und deshalb verzichtbares Beiwerk gesehen wird.

Gesamtschule Aurinkolahti, Helsinki-Vuosaari

Bereits 1998/99 führte die Stadt Helsinki gemeinsam mit dem Verband der finnischen Stahlindustrie einen Wettbewerb für einen Schulneubau durch, den das Büro Jeskanen-Repo-Teränne Arkkitehdit Oy mit Leena Yli-Lonttinen für sich entscheiden konnte. Das 2002 fertiggestellte Schulhaus liegt in einem Vorort Helsinkis, dessen Umgebung von drei- und viergeschossigen Mehrfamilienhäusern geprägt ist.

Eine dreigeschossige Halle, die als Mensa, Pausenhalle und Treffpunkt dient, bildet das Herzstück der Schule. Sie verbindet die fünf zweigeschossigen Baukörper, die die Unterrichtsräume, die Musik- und Theaterräume, die Turnhalle und die Sonder- und Sozialräume beherbergen. Die gemeinschaftlich genutzten naturwissenschaftlichen Fachräume sowie die Kunst- und Handarbeitsräume befinden sich im obersten Geschoss des zentralen Baukörpers.

Jeweils vier bis sechs unterschiedlich große Unterrichtsräume pro Geschoss bilden mit einer Gemeinschaftszone, einem Lehrerzimmer und

14__Gesamtschule Aurinkolahti, Helsinki-Vuosaari. Teilansicht.

15__Gesamtschule Aurinkolahti, Helsinki-Vuosaari. Grundriss Erdgeschoss.

16__Gesamtschule Hiidenkivi, Helsinki-Tapanila, Seppo Häkli, 2005. Teilansicht.

17__Gesamtschule Hiidenkivi, Helsinki-Tapanila. Grundriss Obergeschoss.

18__Gesamtschule Hiidenkivi, Helsinki-Tapanila. Jeweils vier bis sechs Unterrichtsräume bilden eine Gemeinschaftszone.

eigenen sanitären Anlagen eine in sich abge-schlossene, überschaubare Einheit. Jeder Bau-körper besitzt einen direkten Zugang von außen. Die großzügigen Gemeinschaftszonen werden als Gruppenarbeitsräume und Pausenflächen genutzt. Glaswände sorgen für einen intensiven Kontakt unter den Klassen und in der Gemein-schaftszone.

Gesamtschule Hiidenkivi, Helsinki-Tapanila

Die 2005 erbaute Hiidenkivi-Schule von Seppo Häkli steht auf einem alten Industriegelände, das zu einem Park mit Sportfeldern umgestaltet wor-den ist. Das angrenzende Gebiet ist durch eine kleinteilige Wohnbebauung geprägt. Die Schule passt sich mit ihrer gegliederten Form und ihrer Geschossigkeit in die umgebende Bebauung ein.

Auch in der Hiidenkivi-Schule bilden die Gemein-schaftseinrichtungen wie Bibliothek und Mensa das Zentrum. Dieses Herzstück ist allerdings vom Baukörper her nicht so markant wie bei der Aurinkolahti-Schule. Jeweils vier Klassenzimmer, darunter eine Spezialklasse, sind mit einem Leh-rerarbeitsraum zu einem Klassenverband grup-piert. Durch verspringende und schräge Wände entstehen Nischen und Zonierungen. Erschlossen werden die Klassen der Sekundarstufe vom Ein-gangshof aus, der gleichzeitig der Pausenhof für die Größeren ist. Die Klassen der Primarstufe ha-ben einen direkten Zugang zu den an einen Park angrenzenden Pausenflächen. Damit wird auch im Außenraum eine Zuordnung der Flächen für die unterschiedlichen Altersgruppen geschaffen. In einem östlich angrenzenden L-förmigen Bauteil sind im Erdgeschoss Werkstätten und im Obergeschoss Fachräume untergebracht. Durch die autarke Anordnung können diese Bereiche auch außerhalb der Unterrichtszeiten extern genutzt werden.

Die Hiidenkivi-Schule stellt ein Beispiel dar, wie man trotz einer großen Schülerzahl (830 Schüler) ablesbare, teilautonome Untereinheiten bilden kann, die ein gutes Sozial- und Arbeitsklima entstehen lassen.

Raum für zukünftige Veränderungen

Die beschriebenen Beispiele aus der Schweiz, den Niederlanden und Finnland zeigen, wie Schulen aussehen können, die Anforderungen aus der Pädagogik – wie Projektarbeit, selbstständiges und aktives Lernen, Schule als Lern- und Lebensraum – gerecht werden wollen. Sie zeigen auch, dass bestimmte Prozesse und Bedingungen in der Bildungspolitik und in der Struktur des Bildungssystems wichtige Voraussetzungen für solche baulichen Ergebnisse sind. Beim Vergleich mit deutschen Schulen darf man nicht vergessen, dass die Entwicklungen, die sich erst seit einigen Jahren in Deutschland abzeichnen, in den genannten Ländern schon viele Jahre vorher begonnen haben und dass daher dort jetzt die Ergebnisse und Erfahrungen auch im Schulbau ablesbar sind. Internationale Erfahrungen haben gezeigt, dass Veränderungen im Bildungsbereich mindestens zehn Jahre benötigen.

Unbestritten ist heutzutage, dass das Schulgebäude und die Lernumgebung Einfluss auf das Wohlbefinden und die Leistungen der Schüler und Lehrer haben. Während aber im Ausland, vor allem im englischsprachigen Raum, umfassende wissenschaftliche Studien zu diesem Thema durchgeführt wurden, findet man in Deutschland allenfalls Untersuchungen aus der Sicht von Psychologen und Pädagogen, die Einzelaspekte wie den Einfluss von Farbgebung, Material oder Licht im Raum auf das Empfinden von Schülern und Lehrern analysieren. Hier fehlen vor allem interdisziplinäre Untersuchungen von Architekten, Pädagogen und Psychologen, die den Aspekt der Lernumgebung in den Vordergrund stellen. Dagegen gibt es beispielsweise in Großbritan-

nien schon seit 1999 eine staatliche Institution (Commission for Architecture and the Built Environment, kurz CABE), die Gemeinden, Bauherren, Architekten und Schulen bei der Planung von Schulgebäuden berät. Sie bietet Unterstützung bei Entwicklungs- und Planungsprozessen durch Leitlinien und Schulungen an.[1]

Nichtsdestotrotz gibt es auch in Deutschland gute Schulen, solche, die eine, wie Otto Seydel sie bezeichnet, „lernende" und nicht mehr nur „belehrende" Schule ermöglichen. Allerdings bilden sie noch eine Minderheit unter den hierzulande circa 35 000 Schulen.

Im Vergleich zu anderen Ländern kann man feststellen, dass ein wesentlicher Unterschied in der Wertschätzung von Architektur besteht. Man muss in der Schweiz, in den Niederlanden oder in Finnland nicht in der Form für Baukultur eintreten, wie das zum Beispiel in Deutschland der Fall ist. Baukultur ist dort eine Selbstverständlichkeit, wie es auch selbstverständlich ist, dass es die Öffentliche Hand ist, die den Qualitätsmaßstab bestimmt. Die Wertschätzung des Berufsstandes bestimmt auch die Wertschätzung der gebauten Umwelt. Damit kommt dem Schulbau eine Schlüsselstellung zu, da dieser für Heranwachsende der erste Ort der Auseinandersetzung mit Architektur darstellt.

Eine Grundvoraussetzung für die Entwicklung zukunftsweisender Schulgebäude ist der Dialog zwischen Pädagogen, Architekten und der Schulverwaltung. Architekten allein können keine Gebäude planen, solange sie nicht wissen, was die Menschen in diesen Räumen tun wollen und wie sie es tun wollen. Pädagogen (Schulleitung, Lehrer, et cetera) müssen daher vor der Planung eines Schulgebäudes die Leitideen ihrer Schule formulieren und dazu noch beschreiben, was alles in den künftigen Räumen stattfinden soll. Städte und Gemeinden müssen den Dialog zwischen Verwaltung, Pädagogik und Architektur initiieren, die Kommunikationsprozesse lenken und moderieren. Nur so können Schulen entstehen, mit denen sich alle am Schulleben Beteiligten identifizieren können, in denen die Erwachsenen gerne arbeiten und die Heranwachsenden gerne lernen und die – nicht zuletzt – auch von hoher architektonischer Qualität sind und Raum für zukünftige Veränderungen bieten.

1. __ Vgl. The Commission for Architecture and the Built Environment (Ed.): Creating excellent secondary schools – A guide for clients. London, 2007. Siehe auch: www.cabe.org.uk/schools

Oliver G. Hamm

Vorbildlich
Beispiele für Bildungsbauten

In den letzten Jahren sind hierzulande viele Bildungsbauten neu geplant, umgebaut oder erweitert worden: Allein zum „Tag der Architektur 2009" waren bundesweit mehr als einhundert Kindergärten, Grund- und weiterführende Schulen zu besichtigen – das hat es zuvor lange nicht mehr gegeben. Die Gründe für den Boom sind vielschichtig: der Bedarf für Neubauten insbesondere in prosperierenden Gemeinden, vor allem im Süden Deutschlands; die Notwendigkeit, aufgrund der Umstellung auf Ganztagesbetrieb zusätzliche Räume für Mittagessen und für Nachmittagsbetreuung anbieten zu müssen; und nicht zuletzt die Anpassung bestehender Bildungsbauten an neue pädagogische Konzepte.

Seitdem die für Deutschland ernüchternden Ergebnisse der ersten PISA-Studie 2001 veröffentlicht wurden, hat „Bildung" als Thema in der öffentlichen Diskussion (wieder) einen hohen Stellenwert. Ein wenig erinnert das gegenwärtige Szenario an die 1960er und 1970er Jahre, als Bildung in Gesellschaft und Politik zuletzt ähnlich engagiert debattiert wurde wie auch jetzt wieder: Im Zuge der damaligen pädagogischen Reformdiskussionen – in einer Zeit, in der die geburtenstarken Jahrgänge in die Schulen drängten – entstanden zahlreiche neue Bildungsbauten, die den Anforderungen der sich wandelnden (Arbeits-) Gesellschaft genügen sollten. Das Ergebnis ist bekannt: Seinerzeit hochgepriesen, erfüllten die oft gigantischen Bildungszentren zwar vielerlei Wünsche unterschiedlicher Akteure, „Bildung für alle" unter einem Dach anzubieten und gleich auch noch die Rolle eines Stadtteilzentrums am Rande der seinerzeit oft wild wuchernden Städte zu übernehmen. Doch beim Grübeln über das richtige Raumprogramm wurden oft die Räume selbst – Schulräume, Freiräume und auch der Stadtraum – sträflich vernachlässigt, mit teilweise heute noch spürbaren Folgen.

Baukultur war seinerzeit (fast) nur Planungs-kultur – und allenfalls in zweiter Hinsicht auch eine Frage guter Gestaltung. Nicht der einzelne Mensch stand damals im Mittelpunkt, sondern „die Maschine", eine oft bis ins letzte Detail unter funktionalen, wissenschaftlichen, ökonomischen und – allzu oft in ihrer „Halbwertszeit" äußerst begrenzten – pädagogischen Gesichtspunkten optimierte Bildungsbaulandschaft, die sich häufig von ihrem stadträumlichen Kontext löste und ein Eigenleben führte. Die komplexen Bildungszentren jener Zeit führten häufig in eine Sackgasse. Den „Königsweg" aus dieser Sackgasse heraus hat bislang noch niemand gefunden, vielleicht bleibt er ohnehin Wunschtraum, denn die Frage, worauf die Bildung heute bauen kann, lässt sich eben nicht mit Patentrezepten beantworten. Zu vielschichtig sind die jeweiligen Voraussetzungen und Anforderungen, zu unterschiedlich die indi-viduellen Lösungsansätze, als dass sich daraus Blaupausen für „zukunftsfeste" Bildungsbauten ableiten ließen.

Die Bundesstiftung Baukultur hat sich den-noch im Rahmen dieser Publikation und des Konvents der Baukultur die Aufgabe gestellt, eine möglichst große Bandbreite an Beispielbauten zusammenzutragen. Wie steht es um die Bil-dungsbaukultur hierzulande? Dies war die Aus-gangsfrage einer Arbeitsgruppe[1], die sich zum Ziel gesetzt hatte, aus der großen Anzahl von Bildungsbauten, die in den letzten fünf Jahren in Deutschland entstanden, fünfzehn Beispiele auszusuchen. Es ging nicht darum, die vermeint-lich besten Bauten benennen zu können, sondern die Vielschichtigkeit der Bildungsbauaufgaben in jeweils herausragenden Beispielen darzustel-len.

- Kindertagesstätten sollten dabei ebenso berücksichtigt werden wie Grund- und weiterführende Schulen,
- komplette Neubauten ebenso wie Um- und Erweiterungsbauten,
- vorbildliche Architekturen im innerstädtischen Kontext sollten ebenso in den Fokus rücken wie solche im eher peripheren und ländlichen Bereich.

Dem umfassenden Verständnis von Baukultur entsprechend, das Prozess- und Planungskultur beinhaltet, flossen folgende Kriterien in die Bewertung ein:

- das jeweilige pädagogische Konzept,
- der Entstehungsprozess,
- die stadträumliche Einbindung,
- die gestalterische Qualität der Räume, Gebäude und Freianlagen.

In einem mehrstufigen Verfahren, das zusammen mit dem Förderverein der Bundesstiftung Bau-kultur auf den Weg gebracht wurde, konnten aus einer Vielzahl von Projektvorschlägen schließlich jene fünfzehn realisierten Beispiele ausgewählt werden, die auf den folgenden sechzig Seiten dargestellt sind. Die weitgehend einheitliche Präsentation der Beispiele – mit jeweils einem zweigeteilten Text zur Architektur und stadträum-lichen Einbindung einerseits und aus Nutzersicht andererseits, mit Lageplan und „Bauschild" – soll trotz der Unterschiedlichkeit der ausgewählten Bauten eine gewisse Vergleichbarkeit ermögli-chen. Vor allem aber sollen die Beiträge Anregun-gen geben, Hintergründe beleuchten und auch mal ganz ungewohnte Einblicke bieten – dank der atmosphärisch dichten Fotos von Petra Steiner, die alle fünfzehn Bauten exklusiv für diese Publi-kation fotografiert hat, nachdem sie sich die Zeit genommen hatte, sich auf jeden einzelnen Bildungsbau und seine Akteure einzulassen. Auf diese Weise ist ein Kaleidoskop deutscher Bildungsbaukultur der letzten fünf Jahre zustande gekommen, das sicher noch um viele Facetten zu bereichern wäre, das aber einen guten ersten Überblick verschafft und Antworten auf die Frage gibt, worauf die Bildung hierzulande heute bauen kann.

1. __ Die Arbeitsgruppe setzte sich aus Michael Braum, Bern-hard Heitele und Carl Zillich von der Bundesstiftung Baukultur und dem Autor dieses Beitrags zusammen. Bei der abschlie-ßenden Auswahl der exemplarischen Bildungsbauten wurden zudem der Pädagoge Otto Seydel und die Fotografin Petra Steiner hinzugezogen. Die Bundesstiftung Baukultur bedankt sich für zahlreiche Projektvorschläge von ihr verbundenen Ak-teuren und Institutionen, die hier nicht einzeln genannt werden können – und für die Vereinheitlichung der Lagepläne durch Katharina Rathenberg.

01__ Gartenseite des älteren der beiden Kita-Gebäude („Metro-Sternchen 1", links).

Doppelt gemoppelt
Betriebskita der Metro Group, Düsseldorf

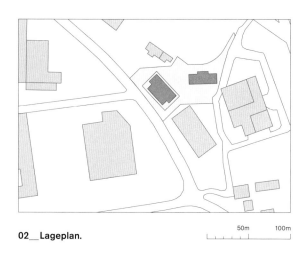

02__ Lageplan.

50m   100m

Ein von mehreren Straßen eingeschnürtes Restgrundstück an der Nahtstelle zwischen einem Betriebsgelände und einer Wohnsiedlung ist normalerweise nicht der ideale Bauplatz für eine Kindertagesstätte. In Düsseldorf-Grafenberg haben die Metro Group als Bauherr, marc eller architekten und der Landschaftsarchitekt Walter Normann aus der Not eine Tugend gemacht und mittlerweile sogar zwei Kita-Gebäude in einen Grünraum ganz eigener Prägung eingebettet.

Das jüngere der beiden zweigeschossigen Gebäude richtet sich mit seiner weitgehend verglasten Schauseite direkt auf die Hauptverwaltung der Metro Group aus. Hinter diesem „Schaufenster" springt selbst dem flüchtigen Passanten eine grüne Skulptur ins Auge, die sich bei näherem Hinsehen als langgezogene Rutschbahn in der Mittelachse eines für eine Kita ungewöhnlich großen Erschließungsraums entpuppt. Im Alltag wird die Rutsche aus Sicherheitsgründen allerdings kaum genutzt. Die Kinder werden es verschmerzen können, schließlich bieten sich ihnen auch ohne dieses spektakuläre Spielgerät genug – und angemessenere – Entfaltungsmöglichkeiten, sowohl im Gebäude selbst als auch im Freiraum.

Vier Gruppenräume mit angrenzendem Nebenraum, drei davon im Erdgeschoss mit direktem Zugang zum Garten, ein Mehrzweck-, ein Personalraum und mehrere Abstellräume sowie – unter der breiten Treppe in der Eingangshalle – der Leitungsbereich und eine Küche haben in dem außergewöhnlich großzügigen Gebäude Platz. Die Gruppenräume mit ihren Holzmöbeln können je nach Interessen immer wieder neu hergerichtet werden.

Innen wie außen prägen die warmen Rot- und Brauntöne der Fassaden und Fußböden das Haus. In den Gruppenräumen sorgen weiße Wände für einen neutralen Hintergrund, doch strahlt selbst auf sie ein Farbschimmer, wenn der gelbe textile Sonnenschutz ausgefahren wird. Von den stählernen Rundstützen – sie tragen die weit auskragenden Dachflächen – und dem der Gartenfassade vorgelagerten Laubengang abgesehen, prägt der Baustoff Holz ganz wesentlich das Erscheinungsbild der Kita, insbesondere die Lärchenfassaden im Innen- und im Außenbereich. Das in Holzrahmenbauweise mit vorgefertigten Wandelementen und Brettstapeldecken errichtete Gebäude steht für einen ökologisch verant-

03__ Garten des jüngeren Kita-Gebäudes („Metro-Sternchen 2").

wortlichen Anspruch, dem auch die kontrollierte Be- und Entlüftung mit zentraler Wärmerückgewinnung zuzurechnen ist.

Aus Nutzersicht

Eine erste viergruppige Kita auf dem Gelände der Metro Group für 65 Kinder von vier Monaten bis sechs Jahren, die in Kooperation mit dem DRK-Kreisverband Düsseldorf e.V. konzipiert wurde, öffnete im Oktober 2005 (Metro-Sternchen 1). Aufgrund der hohen Nachfrage, auch aus dem angrenzenden Stadtteil Grafenberg, entstand bis Januar 2008 ein zweites, gleich großes Haus (Metro-Sternchen 2).

Das Betreuungsangebot reagiert flexibel auf die unterschiedlichen Bedürfnisse der Eltern und unterstützt die Verknüpfung von Familie und Beruf. Die Kinder erhalten den Freiraum, sich zu eigenverantwortlichen, weltoffenen Menschen zu entwickeln. Ihnen wird ein Übergang von kleinen in immer größere Räume (mit offenem Interaktionsfeld) gewährt.

Grundlage aller kognitiven Bildungsprozesse ist die Bildung eines guten Sozialverhaltens und von Beziehungsfähigkeit. Der Einfluss der kulturellen Prägung der Familien und des Lebensumfeldes der Kinder findet in allen Bildungsbereichen Berücksichtigung. Da der Erwerb einer zweiten Sprache im frühen Kindesalter die geistige Entwicklung ebenso fördert wie die sprachliche Wendigkeit und die Toleranz gegenüber anderen

04__Haupteingang des jüngeren der beiden Kita-Gebäude („Metro-Sternchen 2"); im Hintergrund das Gebäude der „Metro-Sternchen 1".

05__Straßenfassade („Metro-Sternchen 2") mit Sonnensegel vor dem „Schaufenster" der Erschließungshalle.

06__Personalraum („Metro-Sternchen 2").

07__Turnsaal im Obergeschoss („Metro-Sternchen 1").

Kulturen, pflegt die Kita ein bilinguales Konzept: in jeder Gruppe arbeitet eine deutsch- und eine englischsprachige Fachkraft.

Die Bildungsbereiche der Kita sind: Bewegung, kreatives Gestalten, Medienerziehung, kreative Aufgabenlösung, Konflikt- und Problembewältigung, Musik und Rhythmik, Umgang mit der deutschen Sprache und anderen Sprachen (insbesondere Englisch), Basiserfahrungen im Lesen, Schreiben und in der Mathematik, Erleben von Natur und physikalischen Phänomenen, Vermittlung von Kenntnissen über die kulturelle Umwelt und die Mitgestaltung daran (Kunst, Gebäudekunst, Landschaftsgestaltung, Gebräu-

che, Rituale, Feiern, Traditionen im heimischen Umfeld), vorurteilsbewusste Erziehung und interkulturelle Bildung.

Jede Gruppe hat einen circa 50 Quadratmeter großen Gruppenraum mit kindgerechter Küche, einen Neben- und Schlafraum sowie einen eigenen Waschraum mit separatem Wickelbereich. Den Kindern wird ein Übergang von kleinen in immer größere Räume gewährt, da es für die jüngeren Kinder eine Überforderung wäre, das offene Interaktionsfeld einer ganzen Gruppe von Anfang an zu bewältigen.

Margit Hlouschek,
DRK-Kreisverband Düsseldorf e.V.

08__Spielzone in der Erschließungshalle mit Rutschbahn („Metro-Sternchen 2").

Projektort_Altenbergstraße 97 und 99,
40235 Düsseldorf-Grafenberg

Planung und Realisierung_2004 – 2005 (Metro-Sternchen 1),
2006 – 2007 (Metro-Sternchen 2)

Planungsverfahren_Direktaufträge; Bauherr und Nutzer waren
kontinuierlich in die Planung eingebunden

Bauherr_Metro Group, Düsseldorf

Nutzer_DRK-Kreisverband Düsseldorf e.V.

Architektur und Projektsteuerung_marc eller architekten,
Düsseldorf

Tragwerksplanung_B. Walter Ingenieurgesellschaft mbH,
Aachen

Landschaftsarchitektur_Walter Normann Landschaftsarchitekt,
Düsseldorf

Haustechnik_Relies Ingenieure GmbH, Euskirchen

Akustik_TOHR Ingenieurgesellschaft für Bauphysik,
Bergisch Gladbach

Grundstücksfläche_2.214 m² (Metro-Sternchen 1) und
ca. 2.730 m² (Metro-Sternchen 2)

Bruttogeschossfläche (BGF)_958 m² (Metro-Sternchen 1)
und 1.145 m² (Metro-Sternchen 2)

Nettonutzfläche_850 m² (Metro-Sternchen 1) und 1.044 m²
(Metro-Sternchen 2)

Kosten des Gebäudes pro m² BGF_1.134 € netto (Metro-
Sternchen 1) und 1.148 € netto (Metro-Sternchen 2) –
jeweils nur Kostengruppen 300 – 400

Kosten der Außenanlagen pro m²_130 € netto (Metro-
Sternchen 1) und 135 € netto (Metro-Sternchen 2)

01__Die Rampe verbindet das Obergeschoss direkt mit dem Garten.

Eng verzahnt
Kindertagesstätte Griechische Allee, Berlin

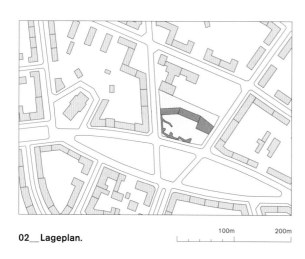

02__Lageplan.

100m   200m

Die Kindertagesstätte ist unter anderem durch einen großen Garten geprägt, und sie ergänzt den Griechischen Park im Zentrum des Berliner Ortsteils Oberschöneweide mit vielen denkmalgeschützten Industriebauten und Wohnsiedlungen. Freiraumplanung (von Topotek 1, Berlin) und Architektur sind eng miteinander verzahnt; eine breite Spiel- und Bewegungsfläche vor den nach Süden orientierten Gruppenräumen sowie eine Rampe mit integrierten Spielgeräten ergänzen die zentrale Grünfläche.

Von einem Vorgängerbau aus den frühen 1950er Jahren haben die Architekten Behles & Jochimsen den Mitteltrakt erhalten, umgebaut und um zwei ebenfalls zweigeschossige Flügelbauten ergänzt. Eine umlaufende Betonwand mit Fenstern, die Ein- und Ausblicke gewähren, grenzt den Freiraum der Kita vom Außenraum ab. Doch dank der Größe des Grundstücks und der Rampe entlang der Innenseite einer Außenwand können die Kinder ihre unmittelbare Umgebung jederzeit wahrnehmen.

Die Kita wird über den östlichen Flügelbau mit integrierter Halle erschlossen. Ein Platz mit bunt bemalter Asphaltfläche stimmt auf das Farbspektrum im Inneren der – außen grau gestrichenen – Baukörper ein. Rosafarbene Linoleumböden, stellenweise ergänzt durch Teppiche, wohlgeformte Holzmöbel und „Leuchtspuren" an den durch schallschluckende „Sauerkrautplatten" verkleideten Decken prägen die Gruppen- und Funktionsräume. Die Flurwände sind mit Schultafelfarbe beschichtet und können von den Kindern immer wieder neu bemalt werden.

Da der Nutzer der teils umgebauten, teils erweiterten Kita erst zu einem sehr späten Zeitpunkt bekannt war, diente über weite Strecken der Planungszeit das Jugendamt als Ansprechpartner der Architekten. Auf diesen Umstand – und auf Beschränkungen durch die bauliche Substanz des Altbaus – sind gewisse Mängel zurückzuführen (zum Beispiel zu kleine Garderoben). Doch abgesehen davon, fasziniert die Atmosphäre in dieser geradezu idealen „Kinderwelt": einem abwechslungsreichen Haus mit großem Garten, das seinen städtischen Kontext nicht ausblendet, aber auf Distanz hält – und damit seinen kleinen Bewohnern ein Maximum an realem und geistigem Freiraum bietet.

03__Über weite Flügeltüren können alle Gruppenräume zusammengeschaltet werden.

04__Theaterraum.

05__Spielnische unter der Rampe.

06__Gartenansicht: Neubauflügel mit Rampenanlage vor stattlicher Wohnbebauung.

07__Die Flurwände können mit Kreide bemalt werden.

Aus Nutzersicht

Da sämtliche Bereiche des Hauses behindertengerecht ausgestattet sind, ist eine integrative Betreuung von Kindern mit erhöhtem Förderbedarf möglich. Besonderen Vorrang hat bei uns das Spiel, denn Spielzeit ist sehr lernintensiv. Hierzu nutzen wir selbstverständlich auch den Garten, die nahe gelegene Wuhlheide und Spielplätze der Umgebung.

Die Kinder bis zum Alter von zwei Jahren werden, nach einer individuellen Eingewöhnung, entsprechend ihren altersgemäßen Bedürfnissen in unseren Krippengruppen im Erdgeschoss betreut. Kinder ab circa zwanzig Monaten bis zur Einschulung betreuen wir in altersgemischten Gruppen. Jede der elf Gruppen (mit jeweils zwölf bis sechzehn Kindern) verfügt über einen Gruppenraum und einen zusätzlichen Raum. Zudem stehen mehrere Funktionsräume – zum Beispiel Kreativ-, Theater-, Experimentier- und Bewegungsraum – zur Verfügung, in denen die Kinder mit offenen Angeboten zu selbstständigem Ausprobieren und Handeln angeregt werden.

Durch Projektarbeit werden die Kinder auf ganzheitliche Art mit unterschiedlichen Themen des Lebens vertraut gemacht. Indem sie einzelne Mahlzeiten selbst zubereiten, lernen sie die verschiedenen Aspekte der gesunden Ernährung kennen.

Vielgestaltigkeit, Größe und Helligkeit der spezifisch eingerichteten Räume unterstützen die pädagogische Arbeit. Allerdings sind die Bäder (fehlendes Tageslicht) und Garderoben zu klein. Im Garten gibt es zu wenig Spielgeräte für Kinder unter drei Jahren. Positiv ist die breite Terrasse an der Schnittstelle zwischen Gebäude und Garten, die rege genutzt wird, um den Bewegungsdrang (unter anderem mit Hilfe von Fahrzeugen) auszuleben.

Tanja Felhösi,
stellv. Leiterin der Kindertagesstätte Griechische Allee

09__Blick vom Vorplatz auf die Westfassade des Kopfbaus mit Haupteingang.

08__Eingangshalle.

10__Westfassade mit breitem Weg am Gartenrand.

Projektort_Griechische Allee 21–25, 12459 Berlin-Oberschöneweide

Planung und Realisierung_2003–2006

Planungsverfahren_Konkurrierendes, nicht offenes Gutachterverfahren für Architekten (2003); der Nutzer wurde durch das Jugendamt vertreten

Bauherr_Bezirksamt Treptow-Köpenick von Berlin, Fachbereich Hochbau

Nutzer_Kindertagesstätten SüdOst, Eigenbetrieb des Landes Berlin

Architektur_Behles & Jochimsen Architekten BDA, Berlin

Tragwerksplanung_Eisenloffel · Sattler + Partner, Berlin

Landschaftsarchitektur_Topotek 1, Berlin

Haustechnik und Lichtplanung_KMG Ingenieurgesellschaft, Berlin

Akustik_Ingenieurbüro Moll, Berlin

Grundstücksfläche_5.397 m²

Bruttogeschossfläche (BGF)_2.663 m² (1/3 Altbau, 2/3 Neubau)

Nettonutzfläche_1.423 m²

Kosten des Gebäudes pro m² BGF_997 € netto (Kostengruppen 300–400)

Kosten der Außenanlagen pro m²_50 € netto

01__Die neue Halle, Herzstück und Klimapuffer der Kita.

Vorbildliches Zusammenspiel

Kindertagesstätte „Plappersnut", Wismar

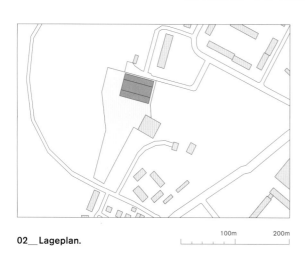

02__Lageplan.

100m   200m

03__Natürliche Materialien prägen die Spielgeräte und die neuen Innenfassaden.

04__Die Baumeister von morgen.

Nicht nur Wohnsiedlungen, auch Bildungsbauten wurden in der DDR gleich tausendfach in Plattenbauweise errichtet. Allein Typ KK/KG 80/180 wurde mehr als 300 Mal in Ostdeutschland montiert, darunter auch die 1972 fertiggestellte Kita „Plappersnut" in Wismar. Da dieser „doppelte Schustertyp" mit seiner zweiseitigen Belichtung und Belüftung der Gruppenräume einerseits eine wirtschaftliche Grundstruktur, andererseits aber auch gravierende Baumängel und einen unzureichenden Wärmeschutz aufweist, führt an seiner Sanierung kein Weg vorbei. In Wismar wurde aus dem Problemfall sogar ein Demonstrationsbauvorhaben im Rahmen des Programms „Energieforschung und Energietechnologien" des Bundesministeriums für Wirtschaft und Technologie. Infolge des Forschungsvorhabens wurde das Institut für Gebäude + Energie + Licht Planung (IGEL-Planung) direkt mit der Ertüchtigung beauftragt. Der Nutzer war über regelmäßige Gespräche schon in die Entwurfsplanung einbezogen.

Durch die Entscheidung, die früheren Erschließungstrakte zwischen den beiden Teilgebäuden abzubrechen und den gesamten Zwischenraum in eine glasgedeckte Halle zu verwandeln, konnten sinnbildlich gleich mehrere Fliegen mit einer Klappe geschlagen werden: Die wetterunabhängige Nutzfläche ist um rund 1000 Quadratmeter gestiegen, zugleich ist der Anteil der unmittelbar Sonne, Wind und Wetter ausgesetzten Hüllflächen deutlich gesunken. Die unbeheizte Halle, dank differenzierter Gestaltung ein erlebnis- und abwechslungsreicher Spielplatz, ist das neue

Herzstück der Kita und zugleich eine thermische Pufferzone, die den Wärmeverlust durch die zu Innenfassaden umgewandelten früheren Außenwände deutlich reduziert.

Holzterrassen, eine größere Sandfläche, ein „Dschungel" und nicht zuletzt die Spielgeräte sowie das Element Wasser bieten enorme Aktivitätspotenziale. Einen solchen „Toberaum" wünschen sich wohl alle Kinder. In Wismar können sie sogar, selbst bei schlechtem Wetter, die Wolken über sich hinwegziehen sehen – und von der großen weiten Welt träumen.

Weniger spektakulär als die Halle, doch im Gesamtsystem ebenso wichtig sind viele energetisch wirksame Verbesserungen an den Bestandsbauten. So wurden an den Giebelwänden zwei verschiedene Montage-Systeme von Vakuum-Dämmpaneelen erprobt. Die Gebäudesüdseite prägt nun eine kombinierte Sonnenschutz- und Photovoltaik-Anlage, die nicht nur Energie sparen hilft und einen zu großen Wärmeeintrag zu vermeiden hilft, sondern dem Haus nach außen eine heitere Note verleiht.

Generell ist die ganzheitliche Betrachtung und Verbesserung von architektonischen und bauphysikalischen Mängeln hervorzuheben, die mit einfachen Konzepten beseitigt wurden. Das Zusammenspiel aus neuer optischer Erscheinung, erweiterten Nutzungsmöglichkeiten und erheblicher Energie- und Betriebskosteneinsparung (um mehr als zwei Drittel) bei vergleichsweise niedrigen Baukosten rechtfertigen den hohen Planungsaufwand.

05__Südostfassade mit den beiden Bestandsbauten und der neuen Halle.

06__Erneuerte Südwestfassade mit Zugang zum parkartigen Garten.

07__Kunstatelier in einem der sanierten Bestandsbauten.

Aus Nutzersicht

Träger der integrativen Kindertagesstätte „Plappersnut" ist der Interessenverein Kinderwelt Wismar e.V., dessen Mitglieder – neben den Eltern der Kinder – Großeltern, ErzieherInnen sowie Menschen sind, die die Entwicklung von heranwachsenden Kindern und Jugendlichen fördern wollen. In der Kita werden insgesamt 182 Kinder bis zum Eintritt in die Schule gebildet und betreut, davon 32 Kinder mit einer Behinderung.

Der pädagogischen Arbeit liegt der lebensbezogene Ansatz nach Professor Norbert Huppertz als theoretische Basis zugrunde. Schwerpunkte der täglichen Arbeit sind unter anderem die Entwicklung von Wertvorstellungen bei den Kindern, das Er-Leben und selber Erforschen von Dingen und Zusammenhängen, der richtige Umgang mit der Natur und der Umwelt sowie die Pflege von Traditionen.

Die Entwicklung der Kinder fördern die ErzieherInnen durch Projekte, Aktivitätsangebote und Spiele. Hierfür bieten, neben den Gruppenräumen, das rund 1000 Quadratmeter große Atrium und die 7000 Quadratmeter große Freifläche vielfältige Spiel- und Bewegungsmöglichkeiten. Neben Klettergeräten und einer großzügigen schiefen Ebene stehen den Kindern zu jeder Jahreszeit unter anderem Wasserspiele zum Matschen und Bauen zur Verfügung. Besondere Fähigkeiten werden in den Angebotsräumen, wie Töpfer- und Holzwerkstatt, Maleratelier und Kinderküche, gefördert.

Sport und Bewegung nehmen in der allseitigen Entwicklung und Gesunderhaltung aller Kinder in der Kita „Plappersnut" einen hohen Stellenwert ein. Außer Sportunterricht (im Sportraum der Kita beziehungsweise in einer nahegelegenen Schulsporthalle) wird auch Schwimmunterricht (im Freizeitbad Wonnemar, unter Anleitung eines Schwimmlehrers) angeboten.

Ute Schmidt,
Geschäftsführerin des Interessenvereins
Kinderwelt Wismar e.V.

08__Nordwestfassade.

Projektort_Zanderstraße 2, 23966 Wismar

Planung und Realisierung_2003 – 2005

Planungsverfahren_Direktauftrag über ein Forschungsvorhaben; die Nutzer wurden während der Entwurfsplanung einbezogen

Bauherr_Hansestadt Wismar

Nutzer_Kinderwelt Wismar e.V., Haus Wellenreiter, Hansestadt Wismar

Architektur_Institut für Gebäude + Energie + Licht Planung (IGEL-Planung), Wismar

Tragwerksplanung_Ingenieurbüro für Baustatik Peter Schenk, IPS, Wismar

Landschaftsarchitektur_IGEL Planung, Wismar (Atrium und gebäudeangrenzende Bereiche)

Haustechnik_ Ingenieurbüro für technische Gebäudeausrüstung Dr.-Ing. Frank Barkowski, Wismar

Lichtplanung_IGEL-Planung, Wismar

Messtechnische Begleitung_Lehrstuhl für Baukonstruktion und Bauphysik, Fachbereich Bauingenieurwesen, Universität Rostock

Grundstücksfläche_8.950 m²

Bruttogeschossfläche (BGF)_2.115 m²

Nettonutzfläche_1.680 m²

Kosten des Gebäudes pro m² BGF_747 € brutto (Kostengruppen 300 – 400 inklusive Photovoltaik-Anlage)

Kosten der Außenanlagen pro m²_25 € brutto (für „eingehauste" Außenflächen – Klimahof bzw. Halle – und für die unmittelbar an die Bestandsbauten angrenzenden Außenanlagen)

01__Schulhof auf dem Dach, im Hintergrund der Turm der Katharinenkirche.

Hoch hinaus
Katharinenschule, Hamburg

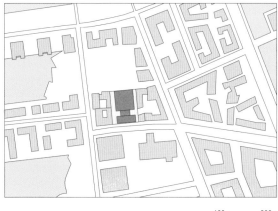

02__Lageplan.

100m   200m

Als erste Schule in der neuen HafenCity teilt sich die Katharinenschule, eine Ganztagsgrundschule mit Hort und angeschlossener Kita, einen Baublock mit einem integrierten Wohntrakt. Die nahezu vollständige Überbauung des Grundstücks im Zuge einer öffentlich-privaten Partnerschaft hatte zur Folge, dass der Schulhof auf dem Dach platziert werden musste: In luftiger Höhe entstand – nach Plänen von Hunck + Lorenz – ein farbenfroher und abwechslungsreicher Freiraum mit Blick auf die umgebenden Wasserflächen, der durch einige Neubauten allerdings schon bald eingeschränkt werden wird. Das ebenerdige Freiflächendefizit von Schule und Kita wird durch einen gemeinsamen Spielhof auf dem Dach der Mensaküche sowie den angrenzenden Sandtorpark teilweise ausgeglichen.

Der kompakte, außen durch eine geschlämmte graue Ziegelfassade mit teilweise abgeschrägten Holzfenstern geprägte Hauptbaukörper – die Schule mit integrierter Sporthalle – ist innen durch eine Folge sehr luftiger und transparenter Räume gekennzeichnet. Eine große Halle im Erdgeschoss dient als Aula, als Regenpausenhalle und als Veranstaltungsraum, sowohl für Aufführungen der Schüler als auch für externe Events. Ihr sind seitlich ein Musikraum und – im Verbindungsbau zum Wohntrakt – die Mensa zugeordnet, die bei Bedarf zugeschaltet werden können.

Die drei Obergeschosse werden durch die größtenteils paarweise angeordneten Klassenräume mit angrenzenden Gruppenräumen entlang den Außenfassaden sowie durch freie Spiel- und Lernzonen beziehungsweise die Bibliothek (im dritten Obergeschoss) im Zentrum des Hauptbaukörpers geprägt. Das differenzierte Raumangebot ermöglicht es den Schülern, sich wahlweise zur Einzel- oder Gruppenarbeit im Klassenzimmer, im Gruppenraum oder in einer Spiel-, Lern- und Lesezone in der Mitte des jeweiligen Geschosses aufzuhalten.

Dass die einzelnen Bereiche der Schule mit integriertem Hort so gut aufeinander abgestimmt sind, ist sicher auch eine Folge der frühzeitigen Einbeziehung der heutigen Nutzer in die Planung. Die Schule war ursprünglich als dreizügige Grundschule (vier Jahre) geplant. Aufgrund der Hamburger Bildungsreform, die eine sechsjährige Primarschule inklusive Vorschule vorsieht, muss die Katharinenschule, erst im Sommer 2009 von einem nahe gelegenen Altbau in den Neubau um-

03__Freiareal vor Haupteingang und Mensa, das als Sport- und Pausenfläche genutzt wird.

04__Wohnungstrakt mit Kita (links) und Schulgebäude mit Hort (rechts) inmitten eines dichten, unvollendeten Stadtquartiers.

gezogen, bereits demnächst in ein benachbartes Gebäude hinein erweitert werden. Das Konzept der kompakten Schule unter einem Dach vom Büro Spengler · Wiescholek Architekten Stadtplaner wird dadurch etwas aufgeweicht werden. Die Kita ist bereits jetzt in einem eigenen Bereich – im Sockel des Wohntrakts – untergebracht.

Der gesamte Baukomplex ist mit dem HafenCity Umweltzeichen der Kategorie „Gold" für besonders nachhaltige Bauweise zertifiziert. Insbesondere der Einsatz von Baustoffen mit beispielhafter Ökobilanz und die Verwendung von Solarenergie (aus den Kollektoren auf dem Dach des Wohntrakts) für den Warmwasserkreislauf der Schulküche, der Kita und der Wohnungen ist besonders hervorzuheben. Die Chance, den Kindern Themen des ressourcen- und energiesparenden Bauens und Betreibens ihres Bauwerks durch entsprechende Einblicke in die diversen Kreisläufe zugänglich zu machen, ist (bislang) nicht genutzt worden.

Aus Nutzersicht

Die Katharinenschule wurde ursprünglich als dreizügige Grundschule geplant, mit Naturwissenschaftsraum, Musiksaal, Werkraum, zwei Vorschulklassen, Sporthalle, einer Mensa, einer großen Halle und einem Schulhof (auf dem Dach). Dazu kommen freie Spiel- und Lernzonen, die die Schüler nicht nur während der Ganztagsschulangebote am Nachmittag, sondern auch während der Unterrichtszeit nutzen können. Die große Halle steht auch für öffentliche Veranstaltungen zur Verfügung.

Eine Besonderheit der Schule ist die Transparenz des Gebäudes: Die paarweise angeordneten Klassenräume haben jeweils einen Gruppenraum mit Schiebetür, sodass bei geöffneten Türen vier Räume miteinander verbunden sind. Fenster auch in den Innenbereich des Gebäudes gewährleisten, dass Kinder, wenn sie während des Unterrichts andere Arbeitszonen aufsuchen, im Sichtkontakt zum Klassenlehrer bleiben. Dieses Prinzip

unterstützt die Schüler beim individualisierten Lernen. Jeder kann sich auf unterschiedliche Weise den Lernstoff aneignen: allein, in Partner- oder Gruppenarbeit, mit Hilfe der Lehrkraft, anhand von Büchern in der Bibliothek oder am Computer.

Schwerpunkt der Schule ist Lesen. Das Erlernen dieser Basiskompetenz steht im Vordergrund, daher wurde auf die Ausstattung der Bibliothek großen Wert gelegt. Der musikalischen Erziehung wird ebenfalls hohe Bedeutung zugemessen: Alle Kinder singen ab der zweiten Klasse im Chor und lernen ein Musikinstrument.

Das Gebäude beherbergt außerdem eine Kindertagesstätte und einen Hort. So können die Kinder vom Krippenalter bis zum Ende der sechsten Klasse gefördert und betreut werden. Mit diesem zukunftsweisenden Konzept sollen nicht nur die Bewohner des Stadtteils angesprochen werden, sondern auch die Kinder von Beschäftigten in der HafenCity.

Ulrike Barthe-Rasch,
Schulleiterin der Katharinenschule

05__Die Klassenräume öffnen sich mit großen Fenstern zu den freien Spiel- und Lernzonen.

06__Leseecke in der Bibliothek.

07__Eingangshalle / Aula mit Mosaik von Paul Salz, ein Relikt des Vorgängerbaus.

Projektort_Am Dalmannkai 12 – 18, 20457 Hamburg

Planung und Realisierung_2006 – 2009

Planungsverfahren_Europaweites öffentliches Vergabeverfahren für PPP-Verfahren (Investorenauswahlverfahren); der Hauptnutzer (Freie und Hansestadt Hamburg) war Auslober des Verfahrens und ebenso wie die Schulleiterin frühzeitig am Planungsprozess beteiligt, die erst später benannten Nutzer der Kita und des Horts ebenso

Bauherr_Otto Wulff PPP HafenCity Schule GmbH, Hamburg

Nutzer_Schulnutzer: Freie und Hansestadt Hamburg, Behörde für Schule und Berufsbildung; Hortnutzer: pme Familienservice GmbH, Hamburg; Kitanutzer: Diakonisches Werk Hamburg

Projektsteuerung_Otto Wulff PPP HafenCity Schule GmbH, Hamburg

Architektur_Spengler · Wiescholek Architekten Stadtplaner, Hamburg

Tragwerksplanung_Otto Wulff PPP HafenCity Schule GmbH, Hamburg

Landschaftsarchitektur_Hunck + Lorenz Freiraumplanung Landschaftsarchitekten BDLA, Hamburg

Haustechnik_Sanitär: Ingenieurbüro Sommer, Hamburg; Lüftung: Ingenieurbüro Scholz, Hamburg; Elektro: Frank Eggers, Stelle

Akustik_Ingenieurbüro Valentiner, Hamburg

Grundstücksfläche_3.072 m²

Bruttogeschossfläche (BGF)_13.315 m²; Anteil Schule inklusive Hort 7.189 m², Kita 1.071 m², Wohnen 3.817 m²

Nettonutzfläche_Schule inklusive Hort ca. 4.600 m², Kita ca. 670 m², Wohnen ca. 2.200 m²

Kosten des Gebäudes pro m² BGF_Schule inklusive Hort ca. 1.350 €, Kita ca. 1.350 €, Wohnen ca. 1.450 €, jeweils brutto

Kosten der Außenanlagen pro m²_208 € netto (überwiegend Schulhof auf dem Dach)

01__Pausenspiel vor einem der dreiseitig umschlossenen Höfe.

Farbiges Wechselspiel
Grundschule Helsinkistraße, München

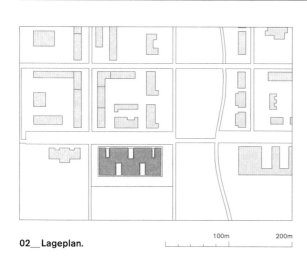

02__Lageplan.

100m   200m

Die Frage nach dem – womöglich gar besonderen – pädagogischen Konzept der neuen Grundschule in Münchens jüngstem Stadtteil Riem beantwortet sein Architekt Thomas Jocher mit einem
Schulterzucken: „Die sehr engen baurechtlichen
Vorschriften haben neue pädagogische Konzepte
erst gar nicht zugelassen." Vielmehr hätten die
Planer aus der verbindlichen Vorgabe, einen eingeschossigen Bau zu entwerfen, „so etwas wie
ein pädagogisches Konzept entwickelt": Lernen
in und vor den Klassenzimmern, die sich jeweils
zu großen Freiräumen – nach außen geöffneten
Höfen – orientieren und von durchlaufenden Vor-
dächern optisch zusammengehalten werden.

Pragmatismus kann auch eine Stärke sein,
wenn der – hier vergleichsweise enge – Rahmen
gut ausgefüllt wird: So haben die Architekten
Fink + Jocher der zweizügigen Grundschule mit
viergruppigem Tagesheim und Grünwerkstatt
durch die Variation des Immergleichen ein höchst
abwechslungsreiches Ambiente geschaffen: Die
mäandernde Fassade aus wiederum auf- und
abschwingenden Betonelementen, die in ihrer
Farbigkeit zwischen einem pastellenen Ocker und
einem blassen Weinrot changieren, bildet eine
stets durchlässige Grenze zwischen Innen- und

Außenraum. Die Höfe und die Freiflächen an der
Nahtstelle zwischen Schulgebäude (im Süden mit
weit auskragendem Dach) und freier Landschaft
sind die Bühne für den Bewegungsdrang der
Schüler. Hier können sie, die Minuten zuvor in der
Klasse noch konzentriert an frontal auf den Lehrer
ausgerichteten Tischen saßen, ihrer eigenen (Un-)
Ordnung frönen – beim Fußballspiel, beim Nach-
laufen oder beim Klettern an den Spielgeräten.

Auch im Inneren dominiert ein orthogonales
Grundraster, das aber durch den Wechsel von
engen und weiten Bereichen und das Zusammenspiel eher heller, aber nicht greller Farben an
Wänden und Böden belebt wird. Der das gesamte Gebäude in Ost-West-Richtung durchziehende
Flur dient auch der schnellen Erreichbarkeit der
benachbarten Grund- und Hauptschule an der
Lehrer-Wirth-Straße mit gemeinschaftlich genutz-
ter Turnhalle und Sportflächen.

Aus Nutzersicht

Die Grundschule Helsinkistraße besuchen Kinder
mit sehr unterschiedlichem familiären und kulturellen Hintergrund: solche, die von zu Hause aus
gefördert werden und deren Eltern hohe Ansprü-

03__Foyer der Klassenzimmer mit Garderobe entlang des zentralen Erschließungswegs.

04__Nordfassade entlang der Promenade.

05__Pausenakrobatik.

che an die Schule stellen, damit ihre Kinder weiterführende Schulen besuchen können, aber auch solche, deren Eltern unterschiedliche Erziehungsvorstellungen haben. Allen Schülern gegenüber haben wir einen Bildungsauftrag zu erfüllen, sie zu fördern und zu fordern, ihnen Werte zu vermitteln, die Lernbereitschaft aufzubauen und entsprechende Kenntnisse zu vermitteln, damit sie im Leben bestehen können.

Der Lernort Schule sollte durch das Gebäude, die Gestaltung der Klassenzimmer und der Außenanlagen bei dieser Aufgabe unterstützt werden. Eine ansprechende Lernatmosphäre kann durch helle, luftige Klassenräume mit Blick in den Park und mit einer farbenfrohen Gestaltung erfüllt werden. Räume zur Gruppenbildung und -differenzierung sowie zur Ganztagsbetreuung sind in der heutigen Zeit unumgänglich. Wenn es in der Schule gelingt, ein Zusammengehörigkeitsgefühl aufzubauen, so werden die Kinder auf „ihre Schule" achten und sie sauber halten.

Neben Bereichen zur Steigerung der Leistungsfähigkeit im Klassenzimmer ist es nötig, den Kindern Erfahrungen im musischen Bereich zu ermöglichen (Theatron im Außenbereich), den rechten Umgang mit dem Computer einzuüben, aber auch sich kritisch mit den Medien auseinanderzusetzen (Computerraum). Zudem muss dem Bewegungsbedürfnis der Kinder Rechnung getragen werden (Spielgeräte im Pausenhof). Das Anlegen eines Schulgartens ermöglicht es den Kindern, auch in der Großstadt eine Beziehung zur Natur aufzubauen.

Gisela Schäfer,
Rektorin der Grundschule Helsinkistraße

06__Fassadenausschnitt im Eingangsbereich.

07__Foyer des Verwaltungstrakts.

Projektort_Helsinkistraße 55 – 57, 81829 München-Riem

Planung und Realisierung_2007 – 2009

Planungsverfahren_Direktauftrag; die Nutzer waren kontinuierlich am Planungsverfahren beteiligt

Bauherr_Landeshauptstadt München, vertreten durch den Maßnahmeträger München Riem GmbH, München

Nutzer_Landeshauptstadt München, Schul- und Kultusreferat (Grundschule Helsinkistraße) bzw. Baureferat Gartenbau (Grünwerkstatt)

Projektsteuerung_MRG Maßnahmeträger München Riem GmbH, München

Architektur_Fink + Jocher, Architekten und Stadtplaner, München

Technisches Management_Christof Wallner Architekten, München

Tragwerksplanung_AJG Ingenieure GmbH Abelein Jankowski Gebekken, München

Landschaftsarchitektur_Burkhardt Landschaftsarchitekten, München

Haustechnik_Zickler + Jakob Planungen GmbH & Co. KG, München

Elektroplanung_Ingenieurbüro Kasprowski, Grünwald

Bauphysik/Bauakustik_IBN Bauphysik Consult, Ingolstadt

Grundstücksfläche_7.045 m²

Bruttogeschossfläche (BGF)_3.264 m²

Nettonutzfläche_2.015 m²

Kosten des Gebäudes pro m² BGF_1.838 € brutto (Kostengruppen 300 – 400)

Kosten der Außenanlagen pro m²_211 € brutto

01__Der Raum zwischen der Kirche und den Neubauten wird vielfältig genutzt.

Neue Impulse

Martinszentrum Bernburg

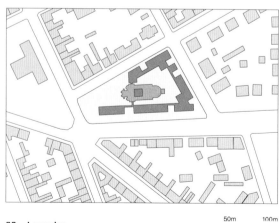

02__Lageplan.

50m   100m

03__Blick von der Alten Kastanienallee auf das Martinszentrum.

Die Stadt Bernburg (Sachsen-Anhalt) und die evangelische Martinsgemeinde hatten zu Beginn des 21. Jahrhunderts ein gemeinsames Problem: Sie waren mit Schrumpfung konfrontiert, insbesondere infolge des demografischen Wandels und des Wegzugs von – vor allem jungen – Arbeitssuchenden. Der Neubau des Martinszentrums, das Projekt einer öffentlich-privaten Partnerschaft etwas ungewöhnlicher Prägung, bewirkte eine Revitalisierung der Stadt und zugleich auch der Kirchengemeinde.

Die früher unter Raumnot leidenden kirchlichen Einrichtungen Kindergarten, Grundschule und Hort erfreuen sich seit 2007 eines gemeinsamen Lern- und Lebensraumes. Eingebettet in die vertraute Umgebung der Bernburger Bergstadt, die von nahezu allen Räumen und auch vom zentralen Freiraum betrachtet stets präsent ist, können sich insgesamt 165 Kinder in einem nach außen klar abgegrenzten und nach innen weitgehend durchlässigen Gebäude frei bewegen und immer wieder neue Erfahrungen machen. Der Neubau aus vorgefertigten Holzrahmenelementen umfriedet das wie eine Insel im verkehrsbelasteten Stadtraum gelegene Areal, das von der denkmalgeschützten neugotischen Martinskirche (von Conrad Wilhelm Hase, 1887) dominiert wird.

Kindergarten, Hort und Grundschule sind jeweils in einem eigenen Flügel des im Grundriss u-förmigen, mit Lärchenholz verkleideten Neubauensembles untergebracht. Durchlaufende Flurzonen erschließen nicht nur sämtliche Räume jedes einzelnen Bereichs, sondern verbinden diese miteinander und öffnen sie zudem über geschosshohe Glasfassaden zum zentralen Freiraum. Ständiger Blick- und unangefochtener Mittelpunkt ist die Kirche, die auch weiterhin als Sakralraum dient, aber zusätzliche Funktionen übernommen hat: So hat ihr das Büro Weis & Volkmann Architektur einen zum Längsschiff wahlweise offenen oder verschließbaren Kubus einverleibt, der unter anderem für den Werk-, Musik- und Turnunterricht der Grundschule, aber auch für Gemeinschaftsveranstaltungen genutzt wird. Auf der Orgelempore fand zudem eine Kinderbibliothek Platz.

Mit dem Martinszentrum entstand eine Kinderwelt mit ganz eigener Atmosphäre, an der auch die Bürgerschaft partizipieren kann, die – ganz symbolisch – mit baulich manifestierten „offenen Armen" (der ansonsten das Kirchenschiff umhüllende Neubau öffnet sich nach Westen) empfangen wird. Eine Bürgerschaft, die sich übrigens schon in der Entstehungsphase an diesem außergewöhnlichen doppelten Revitalisierungsprojekt beteiligte und damit neue Impulse auch in die Gemeinde einbrachte.

04__Sportunterricht vor der Grundschule.

05__Neubautrakt mit Turnraum (unten) und Werkraum (oben) in der Kirche.

06__Klassenraum der Grundschule.

07__Werkraum auf der Empore.

08__Mensa.

09__Schlafraum.

Aus Nutzersicht

Im Jahr 2004 entwickelte die Martinsgemeinde ein neues Gemeindekonzept: Die Betreuung von Kindern sollte ins Zentrum der eigenen Arbeit gerückt und im Martinszentrum sollten verstärkt auch junge Familien angesprochen werden. Vertreter der Evangelischen Landeskirche Anhalts (Trägerin der Evangelischen Grundschule) und der Martinsgemeinde (Trägerin von Kindertagesstätte und Hort) einigten sich auf das Ziel einer offenen Ganztagsbetreuung für Kinder vom Säuglingsalter bis zur Grundschule in einem gemeinsamen Gebäude neben und mit der Kirche.

Die einzelnen Einrichtungen des Neubaus – Krippe, Kindergarten, Hort und Grundschule – haben zwar jeweils ihre eigenen Räumlichkeiten, gehen aber baulich ineinander über und sind mit ihren Gruppenräumen zur ruhigen Hofseite mit gemeinsamen Freiräumen rund um die Kirche orientiert. Kinder aller Altersgruppen wachsen so miteinander auf. Im Speisesaal essen sie zusammen, in einer separaten Kinderküche können sie kochen lernen. Für alle Mitarbeiter der verschiedenen Bereiche gibt es einen gemeinsamen Raum.

Der Übergang zwischen dem Gemeindezentrum und dem ebenfalls neu gestalteten Kirchenraum ist fließend. Für besondere Gottesdienste können die Glasfronten des frei eingestellten Baukörpers geöffnet werden und so als Empore beziehungsweise erweiterter Kirchenraum weiteren Gottesdienstbesuchern Platz bieten.

Kernbereiche der pädagogischen Konzeption der Christlichen Kindertagesstätte Bernburg:

*   altersspezifisch gesonderte Spielbereiche, die miteinander kombiniert und für Kinder anderer Altersgruppen geöffnet werden können
*   tägliche Angebotsvielfalt und freies Spiel
*   Spaziergänge/Ausflüge, unter anderem Kooperation mit dem „Hippohof" (ökologischer Aspekt der Erziehung)
*   Förderung der Kinder entsprechend ihren individuellen Fähigkeiten und Fertigkeiten

Kernbereiche der pädagogischen Konzeption der Evangelischen Grundschule Bernburg (mit angeschlossenem Hort):

*   ganzheitliches Leben und Lernen in christlicher Gemeinschaft
*   Sinnorientierung im Unterricht
*   besondere didaktische und methodische Formen (Orientierung an den reformpädagogischen Ansätzen der Jenaplan-Pädagogik und des Praktischen Lernens)

Lambrecht Kuhn,
Pfarrer der Evangelischen Martinsgemeinde Bernburg

Projektort_Martinstraße 21, 06406 Bernburg (Saale)

Planung und Realisierung_2005 – 2007

Planungsverfahren_Beschränktes konkurrierendes Hochbaugutachterverfahren (2003); die Nutzer waren in das Planungsverfahren einbezogen

Bauherr_Evangelische Landeskirche Anhalts, Dessau, mit der Evangelischen Martinsgemeinde Bernburg

Nutzer_Evangelische Martinsgemeinde Bernburg (Schule, Hort, Kindergarten)

Projektsteuerung_Jost Consult Projektsteuerung GmbH, Halle (Saale)

Architektur_Weis & Volkmann Architektur, Leipzig

Tragwerksplanung_Fankhänel & Müller, Leipzig

Landschaftsarchitektur_Atelier Bernburg, Bernburg

Haustechnik_Ingenieurbüro Haupt, Leipzig

Akustik_Genest und Partner Ingenieurgesellschaft mbH, Dresden

Grundstücksfläche_6.100 m²

Bruttogeschossfläche (BGF)_Neubau 1.800 m², Einbauten (Kirche) 1.200 m²

Nettonutzfläche_2.200 m²

Kosten des Gebäudes pro m² BGF_ca. 1.000 € brutto (Kostengruppen 200 – 700)

Kosten der Außenanlagen pro m²_ca. 80 € brutto

01__Atrium mit Verbindungsgang von den Neubautrakten zur zentralen Galerie.

Bildmächtig überformt

Grundschule Schulzendorf

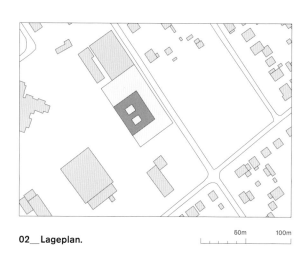

02__Lageplan.

50m   100m

Nicht nur Wohnungsbauten, sondern auch Bildungsbauten waren in der DDR größtenteils standardisiert. Die Grundschule in der rund 7000 Einwohner zählenden Gemeinde Schulzendorf an der südlichen Stadtgrenze von Berlin wurde 1965 als „Typenschule Magdeburg" mit neun Klassenzimmern und drei Fachräumen errichtet – auf einem 3,3 Hektar großen Areal inmitten eines Einfamilienhausgebietes mit einem weiteren Schulgebäude (1930er Jahre), einer Mehrzweckhalle (1990er Jahre) und zwei Kitas.

Nach Umbau und Erweiterung durch das Berliner Büro zanderroth architekten (mit Guido Neubeck) erscheint die Grundschule von außen kompakt und wohlproportioniert – wie aus einem Guss: Die über dem anthrazitfarben verputzten Erdgeschoss „schwebenden" zweigeschossigen Fassaden aus Weidengeflecht, die von Fensterbändern rhythmisch strukturiert werden, geben dem zuvor abweisend wirkenden Schulbau eine warme Anmutung. Auch das Innere des im Grundriss ursprünglich H-förmigen Gebäudes – zwei Längsriegel mit Klassenräumen und ein Querriegel mit sogenannten dienenden Räumen – wurde geschickt modifiziert: Infolge der Ergänzung zweier äußerer Querriegel wandelten sich die vormaligen Außenräume zu Atrien, und nach der Entkernung des zentralen Querriegels – dessen Ebenen nun als mehrgeschossiger Gemeinschaftsraum nutzbar und zu beiden Atrien offen sind – entstand ein luftiges Raumkontinuum mit einem durch kräftige Farben geprägten zentralen „Leerraum".

Die Nutzer waren wenig in die Umbau- und Erweiterungsplanung einbezogen, da weniger pädagogische Überlegungen die Hauptrolle spielten als vielmehr der Wunsch nach einer räumlichen Erweiterung sowie finanzielle Aspekte

03__Farbenspiel im Atrium.

(„Was können wir uns leisten?"). Außer Atrien ergänzen eine Mensa, eine Gemeindebibliothek sowie neun neue Klassen- und ein Lehrerzimmer das ursprüngliche Raumangebot.

Den Architekten war es wichtig, innerhalb des Budgets möglichst viele öffentliche beziehungsweise halböffentliche Flächen anbieten zu können, die flexibel nutzbar sind. So gewährleisten der tiefe Einschnitt des Einganges und der Mensaterrasse überdachte Außenräume, während die zu den Atrien offenen Erschließungsflure der Klassenräume und der entkernte frühere Querriegel Innenräume sehr unterschiedlichen Charakters bilden. Sie eignen sich zum dezentralen Unterricht in kleinen Gruppen, halten aber auch unbeobachtete Rückzugsnischen bereit.

Die Grundschule Schulzendorf ist ein Beleg dafür, dass unter weitgehender Bewahrung der ursprünglichen Bausubstanz und deren zweckmäßiger und bildmächtiger Überformung selbst

04__Kunstunterricht.

05__Musikunterricht.

bei Einsatz begrenzter Finanzmittel ein Bauwerk entstehen kann, das die Identität des Ortes prägt und sich mit seinem räumlichen Angebot zur Nachbarschaft hinwendet. Und das, außer Klassen- und Fachräumen, genug Freiräume für eine bewegungsfreudige Grundschule bereithält.

Aus Nutzersicht

In unserer Grundschule schaffen wir durch einen ausgewogenen Wechsel von Spannungs- und Entspannungsphasen gute Voraussetzungen, die Konzentrationsfähigkeit unserer Schüler zu erhöhen. Bewegung ist wegen ihres präventiven, kompensatorischen und gesundheitsförderlichen Potenzials ein zentrales Anliegen unserer Schule, daher wird Bewegung, wo immer dies sinnvoll und möglich ist, in allen Unterrichtsfächern integriert. Dabei werden Arbeitsmethoden eingesetzt, die dem Schüler eine bewegungsaktive Auseinandersetzung mit dem Lerngegenstand ermöglichen. So bepflanzen die Kinder zum Beispiel im Sachunterricht die Hochbeete, beobachten von der Blüte zur Frucht die Pflanzen im Naschgarten und lernen den Jahreslauf der Sonne im grünen Klassenzimmer kennen.

Als bewegungsfreudige Grundschule stellen wir ein breites Spektrum an bewegungsorientiertem, neigungsdifferenziertem Unterricht und außerunterrichtlichen Angeboten bereit. Die aktive Pause einschließlich der bewegungsfreundlichen Pausenhofgestaltung, die Spiel- und Sportfeste und die Wandertage ergänzen das Angebot.

In den naturwissenschaftlichen Fächern ist bewegungsfreudiger Unterricht durch die Anwendung vielfältiger Methoden, die damit verbundenen wechselnden Arbeitsformen sowie durch eine große Handlungsorientierung gewährleistet. Exemplarisch sind Versuchsanordnungen und Experimente, welche die Schüler größtenteils selbstständig durchführen können. Dies stellt, angefangen vom Zusammentragen der benötigten Arbeitsmittel über die eigentliche Durchführung des Experiments bis hin zum Aufräumen, einen Unterricht dar, der mit Kopf, Herz und Hand durchgeführt wird und Bewegung „lebt".

Die Fachräume blieben in den Bestandstrakten, in den Ergänzungstrakten wurden weitere Klassenräume, der Speiseraum sowie die Kinder- und Erwachsenenbibliothek untergebracht. Somit ist die Schule nun noch besser im Quartier verankert. Die neuen Atrien werden sowohl für Theateraufführungen und größere Konferenzen als auch für die Pausengestaltung bei schlechtem Wetter oder in der Nachmittagsbetreuung genutzt. Für den Musikbereich eröffnet die Verbindung von Unterrichtsraum und Atrium neue Möglichkeiten für die Verbindung von Musik und Tanz.

Frank Freese, Rektor,
und Irmgard Lefass,
Konrektorin der Grundschule Schulzendorf

06__Die Grundschule und andere Bildungsbauten sind in eine Einfamilienhaussiedlung eingebettet.

07__Schülerlotsen vor dem Haupteingang.

Projektort_Illgenstraße 26, 15732 Schulzendorf

Planung und Realisierung_2004 – 2006

Planungsverfahren_Direktauftrag; die Nutzer wurden erst nach Vorlage des Entwurfs in die Planung einbezogen

Bauherr_Gemeinde Schulzendorf

Nutzer_Grundschule Schulzendorf und Gemeindebibliothek Schulzendorf

Projektsteuerung_direkte Kommunikation zwischen Bauherr und Architekten

Architektur_zanderroth architekten, Berlin

Tragwerksplanung_Ingenieurbüro für Bauwesen Dipl.-Ing. Volker Krienitz, Schulzendorf

Landschaftsarchitektur_Dubrow GmbH Naturschutz-management, Bestensee

Haustechnik_Ingenieurbüro Reimann, Schulzendorf

Elektroplanung_Gerhard Frenzel, Ingenieurbüro für Elektrotechnik, Wildau

Lichtplanung und Akustik_zanderroth architekten, Berlin

Grundstücksfläche_33.316 m² (auf dem Gelände stehen außer der Grundschule noch einige andere Gebäude)

Bruttogeschossfläche (BGF)_3.315 m²

Nettonutzfläche_1.368 m² (Bestand) + 1.447 m² (Neubau)

Kosten des Gebäudes pro m² BGF_550 € netto (Bestand und Neubau) bzw. 820 € netto (nur Neubau, Kostengruppen 300 – 400)

Kosten der Außenanlagen_75.000 € netto

01__Flügelschwingen im „Schnaubgarten" (Erika-Mann-Grundschule,
zweite Projektphase – EMG II).

Fantasie frei!

Erika-Mann-Grundschule, Berlin

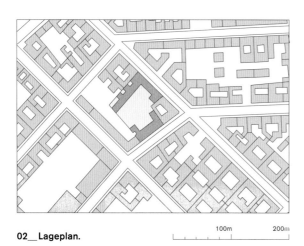

02__Lageplan.

100m   200m

Auf eine mittlerweile siebenjährige gemeinsame Erfahrung mit partizipativer Planung blicken die Erika-Mann-Grundschule im Berliner Ortsteil Wedding und „die Baupiloten", ein praxisorientiertes Studienprojekt der Technischen Universität Berlin unter Leitung von Susanne Hofmann, zurück. Am Anfang (2003) stand eine unspektakulär erscheinende Bauaufgabe: Klassenzimmer sollten geöffnet, Flure von Brandlasten befreit und Garderoben eingehaust werden. Aus einem Collage-Workshop entwickelten Schüler und Architekten gemeinsam die Figur des „Silberdrachens", der sich durch vier Stockwerke und das Treppenhaus des 1914 bis 1916 von Stadtbaurat Ludwig Hoffmann erbauten stattlichen Schulgebäudes erstreckt. Aus den Ideen entstanden funktional und räumlich wirksame Interventionen mit atmosphärischem Mehrwert: Garderobenschränke, Sitzgelegenheiten und lichtlenkende Deckenverkleidungen als – nicht brennbare – kinetische Plastiken in den Fluren sowie ein komplexes Saiteninstrument im Treppenhaus.

Auf ähnliche Weise wurde 2007 auch ein zweites Projekt realisiert, wiederum mit Bezug zum Silberdrachen. Diesmal standen den Schülern und den Baupiloten gleich mehrere ehemalige Klassenräume zur Umnutzung in Freizeiträume zur Verfügung. Räumlich weniger eingeschränkt als beim ersten Projekt, konnten sie ihrer Fantasie noch freieren Lauf lassen: Im „Schnaubgarten" animieren „Flügelschwingen" genannte Sitzmöbel auf schrägen, mit Matten ausgekleideten Ebenen zum versunkenen Lesen – oder zum Gespräch tête-à-tête. Im „Chillroom" können die Schüler Musik hören – oder sich auf den weichen Matten einfach nur ausruhen. Im „Kaleidoskop", einem an Wänden und Decke verspiegelten Flur, laden schräge Sitz- und Liegepodeste zum Betrachten der Schülerportraits oder des eigenen Spiegelbildes ein.

Glücklich ist, wer – wie die Erika-Mann-Grundschule – über eine solche „Bildungslandschaft" im Mikrokosmos Schule verfügt, die eine ganz eigene Geschichte erzählt. Dass diese unter wesentlicher Beteiligung der Schüler entstanden ist, macht sie einzigartig.

03__Spiegel- und Fotokabinett (EMG II).

04__Leuchtkörper und Sitzmöbel (EMG I).

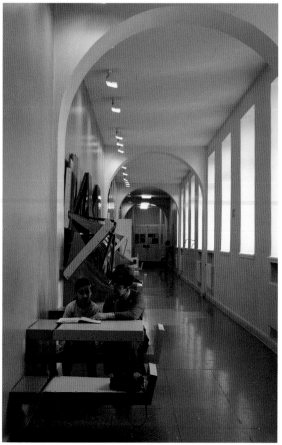

05__„Chillroom" mit Blüteninsel (EMG II).

06__ Schülerin mit Lesepatin an einem klappbaren
Sitz- und Arbeitsmöbel (EMG I).

Aus Nutzersicht

Lesenlernen ist eine der wichtigsten Aufgaben
einer Grundschule. An der Erika-Mann-Grundschule (Anteil der Kinder aus nicht deutschspra-
chigen Familien: 82 Prozent) kommt dem Ver-
knüpfen von Zeichen – vom Buchstaben mit dem
Klang, vom Wort mit der Bedeutung und vom
Satz mit dem Sinn – eine wesentliche Bedeutung
zu. Verknüpfung spielt auch eine Rolle, wenn
wir unser Konzept des selbstbestimmten Lernens
in den Mittelpunkt stellen. Diesem konstrukti-
vistischen Ansatz zu folgen bedeutet, dass
bei uns in individualisierten und differenzierten
Lernszenarien wie Wochenplan, Freiarbeit oder
Werkstattunterricht gearbeitet wird. Konsequen-
terweise setzen wir auf die pädagogische Dimension des Leistungsbegriffs und beurteilen mit
selbstentwickelten Indikatoren verbal die individuellen Leistungen und Lernfortschritte der Kinder.

Dabei ist das Lernberatungsgespräch zweimal im
Schuljahr mit den Eltern und den Kindern ebenso
wichtig wie ihre Selbsteinschätzung der Leistung.
Wir stärken in unserem Bildungsverständnis das
Können der Kinder, wir stärken den Menschen.

Wir sind eine theaterbetonte Grundschule, in
der jedes Kind pro Woche zwei Stunden Theater
spielt. Die Kinder entwickeln aus der Improvi-
sation heraus die Stücke selber und gelangen
in jeder Inszenierung zu einem Netz von ästhetischen Zeichen, die es zu lesen, zu verstehen
und auszudeuten gilt. Die Werke der Kinder im
bildnerischen Gestalten gelangen manchmal sogar in die schuleigene Kunstgalerie „MuGa". Die
Kinderkunst ist Ort und Anlass für Kommunikation
im Kiez. Musikalische Feste und Feiern gliedern
unser Schuljahr und geben ihm einen Rhythmus
wie wir auch den Tag für die Kinder von sechs
bis achtzehn Uhr in einen guten Rhythmus von
konzentrierter und entspannter Aktivität bringen.

07__Multifunktionsmöbel (Podest-Tisch-Bank-Liege-Hochsitz, im Hintergrund Podest-Höhle; EMG II).

Die Architektur der Silberdrachenwelten ist nicht nur ein Ausdruck der Schule als Lern- und Lebensraum im 21. Jahrhundert, sondern sie verwirklicht das Recht der Kinder auf Schönheit. Die Farben stehen für die Vielfalt unserer Kinder mit ihren vielfältigen Begabungen und Fähigkeiten. Licht und Helligkeit bilden Analogien zur Transparenz der Bildungsprozesse, die Formen sind Ausdruck des Zusammenspiels vom Ich mit der Welt, von Individualität in gemeinschaftlicher Solidarität. So wie die Kinder für ihre Lernprozesse Verantwortung übernehmen, indem sie zum Beispiel selbstständig das Anspruchsniveau bei Klassenarbeiten wählen, so übernimmt das Schülerparlament Verantwortung für die Schule, etwa als quasi Bauherr des Schulhofes oder der Silberdrachenwelten.

Verantwortung zu übernehmen für den Ort, an dem ich bin, an dem ich lebe, geschieht bei uns durch gemeinsames Handeln: durch das Theaterspielen, durch das Singen im Schulchor oder das Lernen in der Projektzeit. Dank des selbstbestimmten, eigenverantwortlichen Handelns identifizieren sich die Kinder mit ihrer Schule der reichen Vielfalt und entwickeln Bausteine für die Identitätsbildung, für Ich-Stärke, für Selbstkompetenz und Urteilskraft.

Karin Babbe,
Schulleiterin der Erika-Mann-Grundschule

Projektort_Utrechter Straße 25 – 27, 13347 Berlin-Wedding

Planung und Realisierung_2002 – 2003 (EMG I) und 2006 – 2008 (EMG II)

Planungsverfahren_Direktauftrag; Workshops mit den Schülern und Lehrern

Bauherr_L.I.S.T. GmbH, Förderverein der Erika-Mann-Grundschule (EMG I) und Stattbau GmbH, Berlin (EMG II)

Nutzer_Erika-Mann-Grundschule

Projektbeteiligte_Quartiersmanagement Pankstraße, Berlin, und die Schüler und Lehrer der Erika-Mann-Grundschule

Architektur_die Baupiloten, Technische Universität Berlin; Projektleitung: Susanne Hofmann

Experten der TU Berlin_EMG I: Dr.-Ing. Widjaja, FG Prof. Dr. Rückert (Tragwerkslehre), R. Ross (Brandschutz), Dr.-Ing. Schmits, FG Prof. Kase (Lichtplanung), Dr. A. Rosemann, FG Prof. Kase (Tageslichtplanung), Dipl.-Ing. Gräbener, FG Prof. Dr. Hirche (CAD), Prof. Dr. Brunk und O. Weckner, Institut für Mechanik; EMG II: FG Prof. Dr. Hirche (CAD), Dr.-Ing. Schmits, FG Prof. Kase (Lichtplanung), FG Prof. Mertes (Planungs- und Bauökonomie), R. Ross (Brandschutz), FG Prof. Dr. Schäfer (Baurecht), Dipl.-Ing. Straße, FG Prof. Dr. Cramer (Bau- und Stadtbaugeschichte)

Planungsbeteiligte_Klangwerkstatt Bernhard Deutz, Berlin (Akustik, EMG I)

Bruttogeschossfläche (BGF)_1.107 m² (EMG I) und 727 m² (EMG II)

Kosten der Einbauten_140.000 € brutto (EMG I, inklusive erneuerter Elektrik) bzw. 150.000 € brutto (EMG II)

01__Kleines überdachtes Amphitheater, im Hintergrund die Grundschule.

Unvollendeter Campus
Internationale Friedensschule Köln

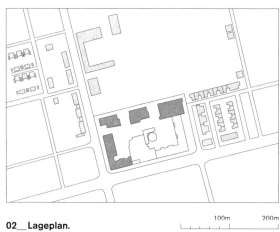

02__Lageplan.

100m   200m

Noch breiten sich schier endlose Felder vor der Schule aus, die erst in Teilen fertiggestellt ist. Es ist also noch zu früh, um ein abschließendes Urteil über dieses ambitionierte Schulprojekt und seine Einbindung in eine explosionsartig wuchernde Gemeinde am Rand einer Großstadt zu fällen. Doch was im Rahmen eines Campuskonzeptes für „eine der modernsten Schulen Europas" (Eigenwerbung) schon jetzt zu sehen ist, lohnt eine nähere Betrachtung.

Die Internationale Friedensschule Köln ist ein privat-öffentliches Bauvorhaben besonderer Prägung: Von engagierten Pädagogen und Förderern als gemeinnützige GmbH konzipiert, von einem auf partizipative Planung spezialisierten – nach einem beschränkten Einladungswettbewerb unter drei Teilnehmern ausgewählten – Büro geplant und von einem Projektentwickler gebaut, sollen in mehreren Bauabschnitten eine Kita mit Vorschule, eine Grundschule, eine weiterführende Schule und eine gymnasiale Oberstufe entstehen. Diese differenzierten Bildungsbereiche, die – wie auch die Verwaltung und die Sporthalle – den äußeren „Ring" des Areals besetzen, werden künftig durch die zentral angeordneten Gebäude für die gemeinschaftliche Nutzung ergänzt werden: Theater, Haus der Stille, Haus der Kunst und Musik sowie Bibliothek.

Bei dieser speziellen Konstellation eines „Bau-Teams" liegt es auf der Hand, dass der Nutzer bereits in die Entwicklung des Entwurfs (von plus+ Bauplanung GmbH) einbezogen wurde. So verwundert es nicht, dass das Raumkonzept exakt der pädagogischen Grundidee, eine Internationale Schule und ein mehrsprachiges Gymnasium miteinander zu kombinieren, folgt: Jeweils eine internationale und eine nationale Klasse grenzen aneinander und können dank einer mobilen Trennwand für bestimmte Unterrichtsphasen zusammengelegt werden. Vier Klassen pro Geschoss bilden einen Jahrgang mit gemeinsamem Erschließungsraum, der Platz für Präsentationen und für Bewegung bietet und an den Enden in spezielle Arbeitsbereiche mündet. Dieses Konzept war nur deshalb möglich, weil die Fluchtwege direkt ins Freie führen: auf großzügig bemessene Balkone mit Außentreppen, die den Klassenraum nach außen erweitern. Dank beweglicher Möbel, transparenter Wände und flexibler Tafeln sind die Räume vielfältig nutzbar.

Im ersten Bauabschnitt (bis 2009) konnten die Kita, die Grundschule, das Jahrgangshaus 1 und die Sporthalle realisiert werden. Für das Campus-Zentrum ist in einem späteren Bauabschnitt das Haus der Stille als Ort der Entspannung und Meditation geplant, dessen Architektur die Struktur eines Kiefernzapfens zugrunde liegt. Die übrigen Gebäude folgen überwiegend einem orthogonalen Grundschema, das aber durch unterschiedliche Gebäudehöhen und Raumtiefen, durch Versprünge und bewegte Dachlandschaften jeweils variiert wird.

03__Noch steht die Schule am Rand, künftig inmitten eines Neubaugebietes.

04__Grundschule (Teilansicht) mit Pausenhof.

05__Zwei Klassenräume, die über Schiebetüren miteinander verbunden werden können.

06__Musikraum.

07__Arbeitsnische im Jahrganghaus 1.

Aus Nutzersicht

Die Internationale Friedensschule Köln (Cologne International School) ist dreigeteilt: staatlich anerkannte bilinguale Grundschule, staatlich anerkanntes bilinguales Gymnasium und International School (Gesamtschule) im Anerkennungsprozess. Ihr angeschlossen ist auf dem gleichen Campus eine bilinguale Kindertages-stätte. So bietet der Schulkomplex Bildungsmög-lichkeiten für Kinder von sechs Monaten bis zum nationalen und/oder internationalen Abitur (IB) beziehungsweise zu national und international anerkannten Mittelschulabschlüssen. Die Schule wurde 2007 von Lehrern gegründet. Im Schuljahr 2009/2010 wird sie von 324 Schülern aus 34 ver-schiedenen Nationen besucht, die von 65 Lehrern aus 21 Nationen unterrichtet werden.

Grundidee ist die Kombination von nationalem und internationalem Schulsystem. Dazu gehören neben Mehrsprachigkeit (Schulsprachen: Englisch, Deutsch, Spanisch, fünf weitere Sprachen sind wählbar, parallel wird muttersprachlicher Unterricht für kleine Sprachgruppen angeboten) auch ein interkulturelles Ernährungskonzept und Interreligiosität. Religionsunterricht wird christlich-konfessionell, jüdisch und als AG muslimisch, buddhistisch und hinduistisch erteilt. Curriculare Schwerpunkte liegen auf Naturwissenschaften (Forschung) und Musik (Selbstausdruck), die mit erweiterter Stundenzahl unterrichtet werden.

Ziel der Schule ist es, Persönlichkeiten auszubilden, die neben exzellenten Sprach- und Sachkompetenzen durch das gemeinsame Leben und Lernen und auch durch Raum für Meditation und geleitete Selbstreflexionsprozesse eine Ahnung davon entwickeln, wer sie selbst sind und wer sie für unsere gemeinsame Zukunft werden wollen. Dieses Ziel wird durch das eigens für die Schule erdachte Raumkonzept ideal unterstützt. Jeder Flur ist – für vier Klassen ausgelegt – eine kleine Schule in der Schule mit Klassenzimmern, Arbeitsnischen, Lehrerzimmer und Essensraum. Alle Zimmer haben sowohl Außen- als auch Innenfenster, sodass der Flur zu einer transparenten, lichtdurchfluteten Wohn- und Lerneinheit wird. Die Möglichkeit des Wechsels zwischen Groß- und Kleinklassenraum durch die verschiebbaren Trennwände verstärkt das Gefühl der Zusammengehörigkeit und eröffnet variable Unterrichtsformen. Zentrum des Komplexes werden das Haus der Stille und das Haus der Kunst und

Musik werden – wie linke und rechte Herzkammer, Selbstfindung und Selbstausdruck als zwei entscheidende Pole des Bildungsprozesses. Das Haus der Stille, ein großer, runder, das heißt nicht ausgerichteter Raum mit Steinfußboden, ist zugleich für Feiern der unterschiedlichen Religionen geeignet.

Für alle Beteiligten ist es eine Freude, innerhalb eines solchen mit uns gemeinsam für unser Verständnis von Bildung ausgedachten Baus zu lehren und zu lernen.

Sabine Woggon-Schulz,
Gründerin und Schulleiterin
der Internationalen Friedensschule Köln

08__Speise- und Werkraum.

Projektort_Neue Sandkaul 29, 50672 Köln-Widdersdorf

Planung und Realisierung_Planungsbeginn 2007, Fertigstellung der Grundschule 2008, der Kita, des Jahrgangshauses 1 und der Sporthalle 2009

Planungsverfahren_Beschränkter Einladungswettbewerb (drei Büros), der Nutzer wurde bereits während des Planungsverfahrens – die Schulleitung wurde in die Entwicklung des Entwurfs – einbezogen

Bauherr_AMAND Prima Colonia Immobilien GmbH & Co. KG, Düsseldorf

Nutzer_Internationale Friedensschule Köln gGmbH (Schule); Vincerola GmbH, Köln (Kita)

Projektsteuerung_AMAND GmbH Co. Köln-Widdersdorf KG, Köln

Architektur_plus+ bauplanung GmbH
Hübner-Forster-Hübner-Remes, Neckartenzlingen

Tragwerksplanung_Ingenieurbüro Schneider, Solingen

Landschaftsarchitektur_Raitz v. Frentz und Tilosen – Partnerschaft, Krefeld-Linn

Haustechnik_intecplan GmbH, Düsseldorf

Bauphysik_TOHR Bauphysik GmbH & Co. KG, Bergisch Gladbach

Grundstücksfläche_21.365 m²

Bruttogeschossfläche (BGF)_ca. 23.250 m² (gesamt), davon Kita 1.196 m², Grundschule 5.095 m², Jahrgangshaus 1 2.715 m², Sporthalle 2.494 m²

Nettonutzfläche_Kita 1.010 m², Grundschule 4.476 m², Jahrgangshaus 1 2.345 m², Sporthalle 2.109 m²

Kosten der Gebäude pro m² BGF_Kita 1.190 €, Grundschule 1.138 €, Jahrgangshaus 1 1.130 €, Sporthalle 1.341 €, jeweils netto, (nur Kostengruppen 300 – 400)

Kosten der Außenanlagen pro m²_noch nicht bekannt (in Planung)

01__Schulhof zwischen dem Hauptgebäude (rechts) und einem zweiten Gebäude mit „musischen" Räumen, Mensa und Sporthalle.

Differenzierte Räume

Evangelisches Gymnasium Bad Marienberg

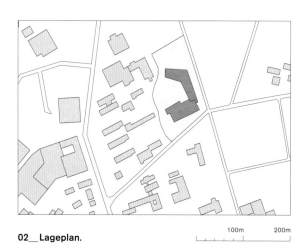

02__Lageplan.

100m   200m

03__Fachraum Naturwissenschaften.

04__Erweiterte Flurzone, die auch für Gruppenunterricht genutzt wird.

Dass der Schulalltag nicht nur vom Lernen geprägt ist, sondern durch ein möglichst ausgewogenes Verhältnis von Konzentration und Entspannung, ist eigentlich eine Binsenweisheit. Doch kaum einmal wird diesem Umstand und der modernen Pädagogik der Binnendifferenzierung des Unterrichts konsequent auch in der Architektur Rechnung getragen. Ein zweizügiges Gymnasium im Westerwald, eine Ganztagsschule der Evangelischen Kirche, ist ein besonders gelungenes Beispiel dafür, dass Pädagogik und Architektur durchaus im Einklang miteinander stehen können.

Das bauliche Ergebnis eines Wettbewerbs unter fünf ausgewählten Büros (2005) erstaunt umso mehr, als der spätere Nutzer während des Planungsverfahrens gar nicht einbezogen wurde. Die 4a Architekten müssen demnach ein natürliches Verständnis für die Bedürfnisse von Schülern und Lehrern gehabt haben, denn sie entwarfen ihnen Klassen-, Fach-, Frei- und vor allem Zwischenräume, von denen andere Schulen bloß träumen können.

Das Gymnasium am Ortsrand von Bad Marienberg, im näheren Umfeld mehrerer anderer Schulen, grenzt östlich sowie nördlich an freie Felder. Unter Ausnutzung der leichten Hanglage haben die Architekten zwei Gebäudeteile so aufeinander und auf die Nachbarschaft bezogen, dass spannungsvolle Räume und Freiräume entstehen. Das abgewinkelte Schulgebäude am oberen, nördlichen Rand des Grundstücks birgt die Klassen, die Verwaltung und eine auch als Aula genutzte Eingangshalle mit Galerie. Ein separates zweites Gebäude mit den musischen Räumen, der Mensa und der tiefer gelegten Sporthalle im Süden fasst gemeinsam mit dem Hauptgebäude den nach Westen hin offenen Schulhof ein. Mit der Gebäudepositionierung symbolisiert das Evangelische Gymnasium, dass es die Schüler „mit offenen Armen" empfängt und sich den angrenzenden Schulen zuwendet.

Vor Gott und auch in diesem Gymnasium sind alle Menschen gleich: Als hätten die Architekten auch dieses Detail schon vorab bedacht, ergänzen sich der einheitliche blaue Schuldress, die Sichtbetonflächen im Inneren und die Metallfassaden im Außenraum sowie die zwischen Gelb, Orange und Hellgrün wechselnden Farbflächen aufs Beste. Die Klassenräume der fünften und sechsten Klassen befinden sich im Erdgeschoss des Hauptgebäudes; ein Sichtfenster zwischen Klassen- und Differenzierungsraum gewährleistet, dass sich Schüler und Lehrer nie aus dem Auge verlieren. Die übrigen Klassenräume, eine Bibliothek und ein „Raum der Stille" sind im ersten Obergeschoss, die Fachklassen im zweiten Obergeschoss untergebracht.

Das große „Plus" dieser Schule sind die aufgeweiteten, an ihren Enden großzügig verglasten Flure: Dort finden die Schüler Zonen für das Gespräch miteinander, aber auch zum Lernen, Lesen, Spielen und Ruhen. Im zweiten Gebäude erschließt ein zum Schulhof hin komplett verglaster Flur, der als zusätzlicher Raum für Theater, Präsentationen und Ausstellungen genutzt werden kann, Räume für Musik, Kunst und Werken. Das Gymnasium wird über die Biogasanlage eines benachbarten landwirtschaftlichen Betriebes beheizt – ein weiterer Beleg dafür, wie gut es mit seinem eher ländlich geprägten Kontext verwoben ist.

05__Eingangshalle mit expressiven Treppenläufen.

06__Arbeitsgemeinschaft Garten und Umwelt (GTS-Modul)
im Schulgarten.

Aus Nutzersicht

„Die gute Schule kümmert sich um den ganzen
Menschen. Sie bedient sich deshalb ganz anderer
Verfahren als die bloße Unterrichtsanstalt."

Hartmut von Hentig

Ein verbindliches evangelisches Ganztagsgym-
nasium braucht mehr als nur Fachlehrer. Es muss
dem Umstand Rechnung getragen werden, dass
die Entwicklung der Heranwachsenden, die sich
rund 38 Zeitstunden pro Woche in unserer Schule aufhalten, maßgeblich vor Ort stattfindet.
Das Evangelische Gymnasium Bad Marienberg
stützt sich bei der Vermittlung von Wissen und
Werten auf drei Grundgedanken:

Jeder Mensch – ein einzigartiger Gedanke Gottes
Die Hinwendung zum Einzelnen, die Akzeptanz
seiner Persönlichkeit mit allen Stärken und
Schwächen und die Nachsicht bei Fehlern und
Verfehlungen sind unerlässlich, um sich als
Mensch wahrgenommen zu fühlen und für vorge-
lebte Werte offen zu sein.

Jeder Mensch – ganzheitlich gedacht
Um Ganzheitlichkeit konkret zu denken, muss
Schule jeden Menschen in einem ständigen
Reifeprozess seiner fachlichen und sozialen
Kompetenz, seiner Spiritualität und Moralität,
seiner musischen und ästhetischen Entwicklung
und selbstverständlich in seiner Körperlichkeit
verstehen. Neben fächerverbindendem Unterricht, Projektarbeit sowie Lehrkräften, welche die
Rolle des Belehrenden aufgeben und in die Rolle
des Lernhelfers schlüpfen, nehmen die Schüler
an einem breiten Angebot von nunmehr sechzig
Ganztagsschul-Modulen (GTS) teil, die sich in
allen Entwicklungsbereichen verorten lassen.

Jeder Mensch – zur Gemeinschaft bestimmt
Neben der Lehrkraft und dem Raum ist der Mit-
schüler der dritte und vielleicht wichtigste Lehrer.
Team- und Gruppenarbeit, schüler- und hand-
lungsorientierter Unterricht, Schüler-Schüler-Hel-
fersysteme sowie Raum und Zeit zur Begegnung
und Auseinandersetzung untereinander verstehen
wir als Motor jeder Entwicklung.

Ein gutes Schulgebäude ist ein Rahmen und
Rhythmus stiftendes Element, das eben diesen

07__Klassenraum mit Fenster zum Differenzierungsraum.

Grundgedanken Rechnung trägt, es ermöglicht letztlich die Hinwendung zu den Bedürfnissen des Einzelnen in einer Gemeinschaft und die Verabschiedung vom Gleichschritt beim Lernen. Das Bauwerk ist von allen Beteiligten gänzlich erobert worden: Die Differenzierungsräume sind an unserer Schule, die keine Hausaufgaben kennt, als Übungsräume für Kleingruppen etabliert. Die Garderoben-Sitzecken auf den Fluren dienen den Schülern als Rückzugsmöglichkeiten für das gemeinsame Lernen. An den Enden der hellen Flure versammeln sich kleine Gruppen zum Gespräch, während im Foyer das Schulleben in seiner vollen Vielfalt aufblüht. Die von außen einsehbare Bibliothek ist niemals leer und an den offenen Schulhofgrenzen bilden sich erste interschulische Freundschaften.

Timo Meier,
GTS-Beauftragter des Evangelischen
Gymnasiums Bad Marienberg

Projektort_Erlenweg 2, 56470 Bad Marienberg

Planung und Realisierung_2005 – 2007

Planungsverfahren_VOF-Verhandlungsverfahren mit nachgeschaltetem Wettbewerb der fünf ausgewählten Büros (2005); der spätere Nutzer wurde während des Planungsverfahrens nicht einbezogen

Bauherr_Evangelisches Gymnasium Bad Marienberg gGmbH, Bad Marienberg

Nutzer_Evangelisches Gymnasium Bad Marienberg

Projektsteuerung_Kommunalbau Rheinland-Pfalz, Mainz

Architektur_4a Architekten, Stuttgart

Tragwerksplanung_Arge Fischer + Friedrich / Schäfer + Partner, Waiblingen

Landschaftsarchitektur_Landschaftsarchitekt Laufenburg, Wilnsdorf

Bauphysik und Akustik_Kurz und Fischer Ingenieure, Winnenden

Lichtplanung_4a Architekten, Stuttgart mit Allhäuser + König, Hachenburg

Grundstücksfläche_10.000 m²

Bruttogeschossfläche (BGF)_8.490 m²

Nettonutzfläche_4.541 m²

Kosten des Gebäudes pro m² BGF_1.060 € netto (Kostengruppen 300 – 400 und 600 – 700)

Kosten der Außenanlagen pro m²_60 € netto

01__Ansicht vom unteren Schulhof; rechts das denkmalgeschützte Schulgebäude.

Erkennbar ausgerastert

Schülerhaus des Friedrich-Eugens-
Gymnasiums, Stuttgart

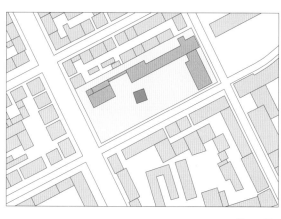

02__Lageplan.

50m   100m

04__Hausaufgabenraum.

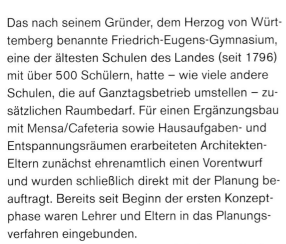

03__Blick von der Mensa auf das offene Treppenhaus.

05__Cafeteria auf der Galerie über der Mensa.

Das nach seinem Gründer, dem Herzog von Württemberg benannte Friedrich-Eugens-Gymnasium, eine der ältesten Schulen des Landes (seit 1796) mit über 500 Schülern, hatte – wie viele andere Schulen, die auf Ganztagsbetrieb umstellen – zusätzlichen Raumbedarf. Für einen Ergänzungsbau mit Mensa/Cafeteria sowie Hausaufgaben- und Entspannungsräumen erarbeiteten Architekten-Eltern zunächst ehrenamtlich einen Vorentwurf und wurden schließlich direkt mit der Planung beauftragt. Bereits seit Beginn der ersten Konzeptphase waren Lehrer und Eltern in das Planungsverfahren eingebunden.

Das gemeinschaftlich entwickelte, von Drei Architekten entworfene Schülerhaus springt stadträumlich bewusst aus der Reihe: Es ist nicht etwa an der Bauflucht der denkmalgeschützten Schulgebäude aus den 1950er Jahren und der angrenzenden Wohnhäuser ausgerichtet, sondern an einer aus dem orthogonalen Grundraster herausgedrehten Freitreppe an der Nahtstelle zwischen zwei höhenversetzten Pausenhöfen.

Das würfelartige Gebäude wendet sich mit geschossübergreifenden Verglasungen im Osten und im Westen den beiden Höfen und einem Sportplatz zu, während die zum langgestreckt liegenden Baukörper des Hauptgebäudes und zur Freitreppe orientierte Nordfassade weitgehend verschlossen ist; dort sind die wenigen Öffnungen hinter durchlaufenden Holzlatten „versteckt", mit denen große Teile des Schülerhauses eingehüllt sind.

Das dreigeteilte Haus lebt vom Kontrast zwischen offenen, öffentlichen Bereichen und geschlossenen, introvertierten Zonen: Während die Mensa im Erdgeschoss mit vorgelagerter Terrasse von lebhaftem Betrieb und der Geräuschkulisse aufgedrehter Schüler geprägt ist, herrscht im PC-Raum im zweiten Obergeschoss eine geradezu kontemplative Ruhe. Auf der über eine offene Treppe angeschlossenen Cafeteria-Galerie im ersten Obergeschoss (mit direktem Austritt auf eine zweite Terrasse auf der Ebene des oberen Pausenhofs) und im großen Hausaufgabenraum

06__Hausaufgabenraum im zweiten Obergeschoss.

darüber bilden sich häufig spontan Kleingruppen zum entspannenden „Chillen" oder auch zum konzentrierten Arbeiten. In diesem „temporären Zuhause" mit nur wenigen Materialien im Inneren – Sichtbeton, rotes Linoleum, Holz und Glas – findet jeder Schüler seinen Platz, ganz nach seiner Fasson.

Aus Nutzersicht

„Wissen, worauf es ankommt", ist das Motto unserer Schule. Das bedeutet: Wir wollen nicht nur das fachliche und methodische Wissen vermitteln, das dabei helfen soll, sich in einer immer komplexeren Wirklichkeit zurechtzufinden. Unser Ziel ist darüber hinaus, unsere Schüler im Denken und Handeln zu Selbstständigkeit zu erziehen, und sie dazu zu befähigen, in gegenseitiger Toleranz und Achtung mit anderen Menschen zusammenzuleben.

Im Jahr 2003 wurde der neue Bildungsplan für 2004 vorgestellt. Uns war klar, dass sein wesentliches Element die Einbeziehung des Nachmittagsunterrichts und damit vermehrt die ganztägige Bindung der Schüler an die Schule war. Um unsere Vorstellungen von einer lebendigen Schule zu realisieren, brauchten wir ein entsprechendes Raumangebot, das im bestehenden Gebäude von 1954 nicht vorgesehen war.

Unsere Arbeitsgruppe aus Eltern (unter ihnen Architekten und Statiker) und Kollegen erarbeitete daraufhin einen Plan für ein Schülerhaus, der einen in das bestehende Gelände passenden Pavillon vorsah, der in seiner Würfelform auch optisch auf das naturwissenschaftliche Profil unserer Schule eingeht.

Das Raumkonzept beinhaltete:

- einen Speiseraum auf zwei Ebenen, der Mittagessen für fünfzig Schüler gleichzeitig und einen zwanglosen Treffpunkt in einer Cafeteria ermöglichen sollte
- eine Küche zur Aufbereitung vorgefertigter Mahlzeiten
- Arbeitsräume zur Stillarbeit, getrennt nach Unter- und Mittelstufe, beziehungsweise einen Oberstufenraum mit Internet-Anschlüssen

Dieses Konzept fand die Zustimmung der politischen Gremien und wurde aufgrund der zügigen Antragstellung bei den Baumaßnahmen im Rahmen des IZZB-Programms berücksichtigt. Im November 2007 wurde das weitgehend nach unserem Konzept fertiggestellte Gebäude zur Nutzung übergeben. Inzwischen profitieren alle Altersstufen von diesem Schülerhaus, es hat sich zum Zentrum des Schullebens außerhalb der Klassenzimmer entwickelt.

Martin Dupper,
Schulleiter des Friedrich-Eugens-Gymnasiums

07__PC-Raum im zweiten Obergeschoss.

Projektort_Silberburgstraße 86, 70176 Stuttgart-West

Planung und Realisierung_2005 – 2007

Planungsverfahren_Direktvergabe nach ehrenamtlichem Vorentwurf von Architekten-Eltern; Lehrer und Eltern wurden bereits ab der ersten Konzeptphase in das Planungsverfahren eingebunden

Bauherr_Landeshauptstadt Stuttgart, Schulverwaltungsamt, vertreten durch das Hochbauamt

Nutzer_Friedrich-Eugens-Gymnasium

Architektur und Landschaftsarchitektur_Drei Architekten, Haag Haffner Stroheker, Freie Architekten BDA, Stuttgart

Tragwerksplanung_IGG - Ingenieurgesellschaft Gölkel, Stuttgart

Haustechnik und Lichtplanung_Landeshauptstadt Stuttgart, Hochbauamt

Bauphysik_EGS-plan Ingenieurgesellschaft für Energie-, Gebäude- und Solartechnik mbH, Stuttgart

Nettogrundfläche_351 m²

Bruttogeschossfläche (BGF)_438 m²

Nettonutzfläche_240 m²

Kosten des Gebäudes pro m² BGF_2.026 € brutto (Kostengruppen 200 – 400 und 600 – 700: 2.395 € brutto)

Kosten der Außenanlagen pro m²_138 € brutto

01__Lehrerzimmer.

Aktivierte Raumreserven

Schulzentrum Schreienesch, Friedrichshafen

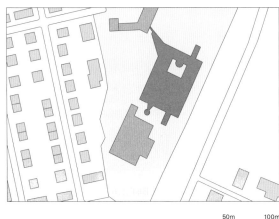

02__Lageplan.

Wer es nicht weiß, käme vermutlich nie auf die Idee, dass es sich bei diesem Gebäude ursprünglich um eine der mittlerweile in Verruf geratenen „Bildungsmaschinen" der 1970er Jahre handelt, in der Raumqualitäten oft nur eine untergeordnete Rolle spielten. Nach einem umfassenden Eingriff der Planungsgemeinschaft Lederer + Ragnarsdóttir + Oei mit Staub Architekten erscheint die 1973 mit Waschbetonfassaden errichtete Hauptschule – Teil des Schulzentrums Schreienesch – wie ein Neubau. Tatsächlich ist aber nur die nördliche Spange (mit Mensa, Lehrküche und Schulverwaltung) neu hinzugekommen – und ein aufgeständertes Brückenbauwerk im schrägen Winkel, das die Haupt- mit der benachbarten Grundschule (von Markus Scheible, 1954–1959) verbindet und die Lehrerzimmer beider Schulen birgt.

Die Nahtstelle zwischen Bestandsgebäude und Erweiterungstrakt kaschierten die Architekten durch die Verwendung einer umlaufenden Holzfassade, die im Bereich des Altbaus die Waschbetonplatten und die nachträglich aufgebrachte Wärmedämmung verkleidet. Dank großflächiger Fenster (im Erdgeschoss: Fenstertüren) erscheinen die Klassenräume nun hell und nicht mehr introvertiert wie vor dem Umbau. Die Kunst- und Musikräume – und darüber die Bibliothek mit vorgelagerter Dachterrasse – öffnen sich zu dem neu in die Kubatur des Bestandsgebäudes eingefügten Atrium, dem lichtdurchfluteten Zentralraum der Hauptschule unter freiem Himmel.

Nicht etwa ein neues pädagogisches Konzept, sondern die notwendige Entsorgung von Schadstoffen wie Asbest und PCB war der Auslöser für den erheblichen Eingriff in die Bausubstanz. Dass aus dieser mehr herauszuholen war als aus so manchem Raumprogramm heutiger Neubauten, spricht für sich. Unter heutigen Förderrichtlinien undenkbare Raumreserven nutzten die Architekten geschickt, um etwa Erschließungsflächen so aufzuweiten, dass dort „Lernen im Zwischenraum" möglich ist.

Bedauerlich ist, dass der Erneuerungselan an den zierlichen Rundstützen des umlaufenden Vordachs endete: Der großflächige, zur angrenzenden Einfamilienhaussiedlung geöffnete Schulhof erhielt lediglich eine neue Asphaltdecke – hier wurde eine Chance vertan, auch den Vorhof des Schulzentrums ansprechender zu gestalten.

Aus Nutzersicht

Unsere Grund-, Haupt- und Werkrealschule ist eine Ganztagsschule im sozialen Brennpunkt. Ausgehend von der Lebenswirklichkeit unserer Schüler nehmen wir diese mit ihren Fähigkeiten ernst und begleiten sie bei ihrer Suche nach Identität und Orientierung. Wir wollen sie auf dem Fundament unserer Demokratie zu toleranten, friedliebenden Menschen erziehen. Die Vermittlung christlicher Grundwerte ist uns dabei ebenso wichtig wie die Achtung anderer Kulturen. Deshalb ist uns Integration ein besonderes Anliegen. Wichtige Grundlage unserer Erziehungs- und Bildungsarbeit ist die offene und vertrauensvolle Zusammenarbeit aller am Schulleben Beteiligten (Erziehungspartnerschaft zwischen Eltern und Schule, Kooperation mit außerschulischen Partnern).

03__Treppenhaus.

04__Blick von Südwesten, im Hintergrund das Gebäude der Grundschule (angeschlossen über das gemeinsame Lehrerzimmer).

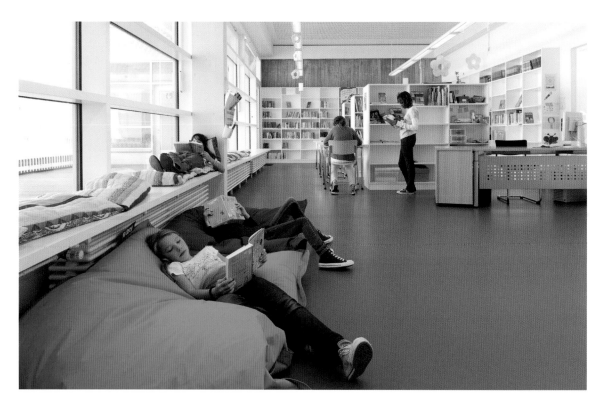

05__Bibliothek.

06__Klassenraum.

07__Mensa.

Die dreizügige Grundschule im Schulzentrum Schreienesch (SZS) hat einen sport- und bewegungserzieherischen Schwerpunkt (aktive Hofpause, Pausenspielgeräte und -spiele, Bewegungszeiten im Klassenzimmer und auf den Fluren). Die zweizügige Hauptschule vermittelt ihren Schülern Handlungskompetenz und persönliches Rüstzeug, insbesondere in den Bereichen berufliche Orientierung, Sozialkompetenz/Körperschulung und Kreativitäts-/Kulturkompetenz. Die Werkrealschule (zehntes Schuljahr) ermöglicht den Schülern den Schulabschluss der Mittleren Reife. In den SZS-Gebäuden ist eine Sprachheil-Grundschule mit Sprachheil-Kindergarten der Zieglerischen Anstalten integriert.

Durch die Öffnung der vormals wenig transparenten Fassaden der Hauptschule nach innen und außen ist ein durch Helligkeit und Licht äußerst positiv beeinflusster Lebensraum entstanden. Die Schüler fühlen sich sichtlich wohl, was die Lern- und Arbeitsatmosphäre günstig beeinflusst. Besonders befruchtend wirkt die durchgängige Öffnung des Erdgeschosses im Betreuungsbereich, wo Schulhaus und Hof eine Einheit bilden. Die Intention, junge Menschen zur Wertschätzung ihrer Lebenswelt zu erziehen, wird durch die Räume und die verwendeten Materialien unterstützt. Die Schüler schätzen ihre Schule, Beschädigungen und Vandalismus kommen kaum vor.

08__Ansicht von Nordwesten; im Vordergrund das brückenartige Lehrerzimmer.

Nach anfänglich kritischer Einstellung, insbesondere in funktionaler Hinsicht, bewertet auch die Lehrerschaft die Schule weitgehend positiv. Insbesondere die Arbeits- und Konferenzräume, auf deren Gestaltung in der Planung besonderes Augenmerk gerichtet wurde, werden gut angenommen und intensiv genutzt. Obwohl das helle, atmosphärisch außergewöhnliche Lehrerzimmer in seiner Form zunächst kontra-kommunikativ ist, hat es sich mittlerweile zu einem Kommunikationszentrum entwickelt.

Der Schulhof wurde uns aus finanziellen Gründen in einer Rohfassung übergeben und besitzt demzufolge noch wenig Anregungscharakter. Terrassen und Innenhof sind noch unmöbliert, werden aber künftig unsere Schule als Lebensraum weiter positiv befruchten.

Hermann Himpel,
Rektor des Schulzentrums Schreienesch

Projektort_Vogelsangstraße 23, 88046 Friedrichshafen

Planung und Realisierung_2005 – 2007

Planungsverfahren_VOF-Verfahren; Planungsgespräche mit den späteren Nutzern während des Planungsverfahrens

Bauherr_Stadt Friedrichshafen

Nutzer_Schulzentrum Schreienesch:
Grund-, Haupt- und Werkrealschule

Projektsteuerung_Drees & Sommer, Stuttgart

Architektur_Planungsgemeinschaft Prof. Arno Lederer + Jórunn Ragnarsdóttir + Marc Oei, Stuttgart mit Staub Architekten, Friedrichshafen

Tragwerksplanung_Breinlinger + Partner VBI Ingenieurgesellschaft mbH, Tuttlingen

Landschaftsarchitektur_Lederer + Ragnarsdóttir + Oei, Stuttgart

Haustechnik_HLS: Ingenieurbüro Grad, Oberteuringen; Elektro: W. Schwarz GmbH, Grünkraut

Lichtplanung_Lederer + Ragnarsdóttir + Oei, Stuttgart mit W. Schwarz GmbH, Grünkraut

Bauphysik_Bobran Ingenieure, Stuttgart

Fläche der beplanten Außenanlagen_9.250 m²

Bruttogeschossfläche (BGF)_4.970 m²
(Summe Umbau + Erweiterung)

Nettonutzfläche_4.454 m² (Summe Umbau + Erweiterung)

Kosten des Gebäudes pro m² BGF_1.446 € brutto
(Kostengruppen 300 – 400)

Kosten der Außenanlagen pro m²_66 € brutto

01__Blick vom Foyer (auch Pausenhalle) auf den überdachten Pausenbereich mit Aussicht auf die Schwäbische Alb.

Offenes Haus
Hilde-Domin-Schule, Herrenberg

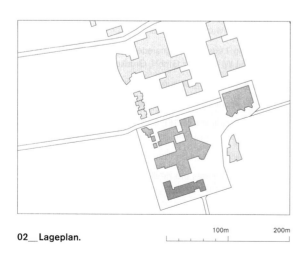

02__Lageplan.

100m   200m

Wie der Vater, so der Sohne? Denkste! Obwohl: So ganz kann und will der Erweiterungsbau der Hilde-Domin-Schule in Herrenberg nicht verleugnen, dass er des gleichen Geistes Kind ist wie das 1983 fertiggestellte Hauptgebäude des Haus- und Landwirtschaftlichen Schulzentrums, für das seinerzeit Behnisch & Partner unter der Führung von Günter Behnisch verantwortlich zeichneten. Dessen Sohn Stefan Behnisch – vielmehr: sein Büro Behnisch Architekten – bekam 2004 den Direktauftrag für einen Erweiterungsbau südlich des Hauptgebäudes, der mit diesem korrespondiert und sich mit großen Glasflächen in ähnlicher Weise zur angrenzenden Landschaft öffnet, ansonsten aber einen eigenen Weg beschreitet.

„Der Star ist die Landschaft" könnte man, frei nach einem abgedroschenen Trainerspruch, über den einladend wirkenden Pavillon sagen: Große Glasflächen ermöglichen Ausblicke bis hin zur Schwäbischen Alb, und die Wiesen und Felder, die bis an die hölzerne Plattform des auf diese Weise leicht über dem Grund „schwebenden" eingeschossigen Flachbaus heranreichen, werden auf abstrakte Weise im Gebäude selbst zitiert. Der grüne Linoleumfußboden und der warme Farbton der Holzdecken- und Wandflächen spiegeln die raumatmosphärische Stimmung der auf drei Seiten durch keinerlei Bebauung beeinträchtigten Landschaft wider. Die umlaufende Holzterrasse und das auskragende Holzdach markieren einen geschützten Zwischenraum, der sich wahlweise als Ruhezone oder als Laufsteg für den großen Auftritt nutzen lässt – und der sich südlich der Eingangshalle zu einer üppigen überdachten Pausenfreifläche im Zwischenreich zwischen Innen und Außen weitet.

Der Erweiterungsbau birgt auf 1200 Quadratmetern sechs Fachklassen, zwei „normale" Klassenräume mit Nebenräumen, Büros für die Fachlehrer, einen Schülermitverwaltungsraum sowie ein Arzt- und ein Elternsprechzimmer. Der Fachraum „Spiel und Rhythmik" mit direkter Anbindung an die Eingangshalle wird außerhalb der Schulzeit auch für Veranstaltungen des Landkreises genutzt. Die Hilde-Domin-Schule versteht sich, nicht nur in architektonischer Hinsicht, als offenes Haus.

Wie schon von außen, prägen auch im Inneren Holzbauteile und geschosshohe Glasflächen – teilweise mit integrierten hölzernen Schrankelementen – ganz wesentlich den Raumeindruck. Helle Vorhänge ermöglichen es den Schülern, sich dem Blick von außen zu entziehen – ohne das Tageslicht gänzlich abzuschotten. Als bewegliches Element sorgen die Vorhänge je nach dem Stand der Sonne dafür, dass die einzelnen Räume und der Pavillon insgesamt zu jeder Tageszeit innen wie außen ein etwas anderes Gesicht zeigen.

03__Zentraler Erschließungsflur.

04__Fachraum mit Holz-/Glas-Wand zum Flur.

05__Fachraum Werken.

06__Fachraum „Spiel und Rhythmik", der auch für externe Veranstaltungen genutzt wird.

Aus Nutzersicht

- Wir begleiten Schüler persönlich
- Wir fördern Freude am Lernen
  und die Eigenverantwortung
- Wir vermitteln zukunftsorientiertes Fachwissen
  und unterstützen die persönliche Weiter-
  entwicklung
- Wir respektieren den Anderen in seiner
  Eigenart

Die nach der Schriftstellerin Hilde Domin (1909 – 2006) benannte Haus- und Landwirtschaftliche Schule bietet zwölf unterschiedliche Schularten unter einem Dach an: Berufsvorbereitungsjahr/ Berufseinstiegsjahr; einjährige Hauswirtschaftliche Berufsfachschule; zweijährige Berufsfachschule, Profil „Hauswirtschaft und Ernährung"; Berufsfachschule für Sozialpflege in Teilzeitform; Berufsfachschule für Kinderpflege; Berufsfachschule zum Erwerb von Zusatzqualifikationen, Fachbereich Erziehung, Schwerpunkte „Bildungs-

förderung im Elementarbereich" sowie „Kinder in Tageseinrichtungen unter drei Jahren"; einjähriges Berufskolleg für Praktikanten; Fachschule für Sozialpädagogik; Berufsfachschule für Altenpflegehilfe; Berufsfachschule für Altenpflege; Fachschule für Weiterbildung in der Pflege; Landwirtschaftliche Berufsschule. Außerdem bestehen Kooperationsklassen Förderschule/Berufsschule.

Die Hilde-Domin-Schule wird unter anderem dadurch geprägt, dass das Kollegium neben der Vermittlung aktuellen Fachwissens großen Wert darauf legt, die Schülerinnen und Schüler in ihrer Persönlichkeitsentwicklung zu fördern und persönlich zu begleiten. Dies wird unter anderem mit der Durchführung vieler außerunterrichtlicher Veranstaltungen wie Studienfahrten, erlebnispädagogischen Unternehmungen mit Klettern und Kanu fahren, Lesenächten oder einem Gewaltpräventionstraining durch besonders geschulte Sozialarbeiter erreicht. Zwei Sozialarbeiterinnen kümmern sich um unsere schwächeren Schüler aus dem Bereich der Berufsvorbereitung.

Der Erweiterungsbau mit Fachräumen und mit zwei normalen Klassenräumen (die dank einer flexiblen Trennwand auch anderweitig, zum Beispiel für Lehrerkonferenzen, genutzt werden können) zeigt in der täglichen Nutzung die zwei Seiten ein- und derselben Medaille: Wir fühlen uns wohl in dem insgesamt sehr lichten Gebäude, doch haben die Wände, die sowohl nach außen als auch zum Flur weitgehend verglast sind, auch funktionale Nachteile und bautechnische Probleme zur Folge: Ablenkung der Schüler in den Räumen durch andere in den Fluren, reparaturanfällige Sonnenschutzsegel im Abstand von circa einem Meter vor der Gebäudefassade und aufgrund der Höhe (2,50 Meter) verzogene Türen. Der Luftaustausch in den Räumen liegt im Minimalbereich. Im Gegensatz zu den Unterrichtsräumen sind die Lehrerarbeitszimmer leider nur mit kleinen Fenstern versehen und deshalb ziemlich dunkel. Sehr glücklich sind wir mit dem speziellen Fachraum „Spiel und Rhythmik", der auch für zusätzliche schulinterne und für externe Nutzungen geplant wurde.

Hermann Saur,
Schulleiter der Hilde-Domin-Schule

07__Ostansicht auf den Fachraum „Spiel und Rhythmik" und den Eingang; rechts ein Werkstattgebäude von 1983.

08__Südfassade mit überdachtem Pausenbereich.

Projektort_Längenholz 8, 71083 Herrenberg

Planung und Realisierung_2004 – 2007

Planungsverfahren_Direktauftrag; während des Planungsverfahrens fand die Nutzerabstimmung mit der Schulleiterin statt

Bauherr_Landratsamt Böblingen

Nutzer_Hilde-Domin-Schule, Haus- und Landwirtschaftliche Schule Herrenberg

Projektsteuerung_direkte Kommunikation zwischen Bauherr und Architekten

Architektur_Behnisch Architekten, Stuttgart

Tragwerksplanung_Fischer + Friedrich Beratende Ingenieure, Stuttgart

Landschaftsarchitektur_Behnisch Architekten, Stuttgart

Haustechnik_Ingenieurgesellschaft Wetzstein, Herrenberg

Lichtplanung_Behnisch Architekten, Stuttgart, in Zusammenarbeit mit Ingenieurgesellschaft Wetzstein, Herrenberg

Akustik und Bauphysik_Ingenieurbüro Dr. Schäcke + Bayer, Waiblingen

Grundstücksfläche_4.400 m² (neu gestaltete Freifläche)

Bruttogeschossfläche (BGF)_1.200 m²

Nettonutzfläche_1.100 m²

Kosten des Gebäudes pro m² BGF_1.500 € netto (Kostengruppen 300 – 400)

Kosten der Außenanlagen pro m²_18 € netto

01__Eingangsfassade am Gelenkpunkt der beiden Schulbauflügel.

Zeitgemäße Rekonstruktion
Aula der Max-Taut-Schule, Berlin

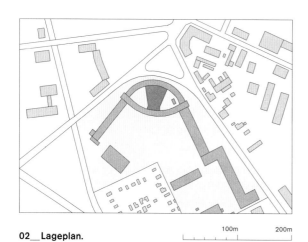

02__Lageplan.

100m   200m

03__Blick von der Bühne: Vortrag eines Holocaust-Überlebenden.

Die seit 1997 nach ihrem Architekten benannte Schule am Nöldnerplatz in Berlin war einer der größten Reformschulbauten der Weimarer Republik. Dreh- und Angelpunkt des zwischen 1929 und 1932 vollendeten raumgreifenden Bauwerks war zu jener Zeit – und ist erneut seit Ende 2007 – die Aula, die von Anfang an auch als soziales und kulturelles Zentrum des traditionellen Arbeiterbezirks Lichtenberg diente. Im Zweiten Weltkrieg durch Brandbomben erheblich beschädigt, überdauerte sie jahrzehntelang als Ruine. Unter Verwendung originaler Bausubstanz ab 2005 wiederaufgebaut, wird die Aula inzwischen wieder rege genutzt – von den Schülern und Lehrern des Oberstufenzentrums ebenso wie für Theater- und Konzertaufführungen, für Lesungen und Vorträge sowie für Bälle und Kongresse. Auf diese Weise belebt sie bis in die Abendstunden hinein das Quartier rings um den Nöldnerplatz.

Das europaweit ausgeschriebene Verhandlungsverfahren für den Wiederaufbau der Aula – als Schlussstein der schrittweisen Sanierung des gesamten Schulzentrums – gewann 2002 mit dem Schweizer Max Dudler ein erklärter Anhän-

ger der klaren Architektursprache von Max Taut. Der Balanceakt, einerseits den ursprünglich über tausend Plätze fassenden Saal denkmalgerecht wiederherzustellen und andererseits die heute gängige Haus- und Bühnentechnik einzubauen, ohne den ursprünglichen Raumeindruck zu beeinträchtigen, ist ihm gelungen. Nach der Sanierung des Stahlbetontragwerks und des verbliebenen Rohbaus haben die Innenräume ihr historisches Erscheinungsbild mit den Putzoberflächen und der Taut'schen Farbgebung wieder zurückerhalten.

Die neuen technischen Einrichtungen – darunter eine 250 Zuschauer fassende Teleskoptribüne, die im Boden versenkbar ist – beschränken sich im Saal optisch auf die mittleren drei Achsen, die durch eine Tages- und Kunstlichtdecke pointiert werden. Die „Obergadenfenster" können durch Vorhänge verschlossen werden, ansonsten gewähren sie einen Ausblick auf die Ziegelfassaden der angrenzenden Schultrakte. Der ebenerdige Akazienparkettboden im Mittelschiff kann variabel bestuhlt werden, daher eignet sich der Saal für vielfältige Veranstaltungsarten.

04__Bezirksverordnetenversammlung; durch die
Seitenfenster ist das Schulgebäude zu sehen.

05__Chorprobe.

06__Konzert.

Obwohl der Architekt nicht auf die originalen Konstruktionspläne zurückgreifen konnte – immerhin ermöglichten Befunde die genaue Rekonstruktion der Farbigkeit des Innenraums – und beim Wiederaufbau der Klinkerfassade auf einen das Original imitierenden Nachbrand angewiesen war, ist mit der Aula ein in Proportion, Materialität und Farbigkeit „stimmiger" Baukörper entstanden, der gut mit den übrigen Schultrakten harmoniert. Mit seinem Entstehungsprozess – einer intensiven Zusammenarbeit von Bauherr, Architekt, Fachingenieuren und Denkmalpflegern – und seinem baulichen Ergebnis verkörpert er eine vorbildliche Baukultur, die den wertvollen Bestand schätzt, aber vor modernen Ergänzungen nicht zurückschreckt.

Aus Nutzersicht

Die Max-Taut-Schule ist ein Oberstufenzentrum mit Berufsschule, Berufsfachschule, Fachoberschule/Berufsoberschule und gymnasialer Oberstufe unter einem Dach. Die im dualen System eingebettete Berufsschule vermittelt den Auszubildenden eines Betriebes theoretische Kenntnisse im Ausbildungsberuf (Schwerpunkte Metalltechnik und Gebäudepflege). Daneben gibt es eine Vielzahl vollschulischer Bildungsgänge mit den unterschiedlichsten Abschlüssen.

Die mehrjährige Berufsfachschule (spezialisiert auf Facility Management) bietet vollschulische Ausbildung und Fachhochschulreife an. Die Berufsoberschule (nach einer Berufsausbildung) führt nach dem Ende des ersten Jahres zur Fachhochschulreife und am Ende des zweiten Jahres zur allgemeinen Hochschulreife. Die fachlichen Schwerpunkte des beruflichen Gymnasiums liegen im Bereich der Metall- und Elektrotechnik sowie in der Wirtschaftswissenschaft. Im Rahmen der Pädagogischen Schulentwicklung wurde das Konzept von Klippert eingeführt, das die Team- und Kommunikationsfähigkeit sowie die Methodenkompetenz fördert.

Die im Gesamtensemble der Max-Taut-Schule zentral gelegene große Aula wurde 2008 nach mehr als sechzig Jahren wieder der Nutzung übergeben. Die Max-Taut-Schule ist in der Trägerschaft der Senatsverwaltung für Bildung, Wissenschaft und Forschung, fühlt sich aber auch eng mit dem Bezirk Lichtenberg verbunden. Von der Schule wird die Aula sowohl für Unterricht als auch für schulische Veranstaltungen genutzt. Aufgrund des Denkmalschutzes und der technischen Gegebenheiten kommen als Unterrichtsnutzung nur das Betrachten, Erkennen und Analysieren der Aula infrage. Praktische Tätigkeiten sind auf wenige Unterrichtsinhalte begrenzt. Die Aula kann aber auch von externen Institutionen und Veranstaltern angemietet werden – die Bandbreite reicht von Parteitagen und der Bezirksverordnetenversammlung über Theater- und Ballettaufführungen bis zu Konzerten. Zuständig für die Vergabe der Aula ist die Schulleiterin der Max-Taut-Schule.

Unser Ziel, die Aula als Kulturstätte im Bezirk Lichtenberg zu verankern ist uns gemeinsam mit der Bezirksbürgermeisterin Christina Emmrich in den ersten beiden Jahren schon gut gelungen. Die Akzeptanz der Berliner ist noch zurückhaltend. Dabei bietet die Aula modernste Technik und Barrierefreiheit. Unser Handicap mit dem Standort Lichtenberg, der in den Medien immer noch negativ belegt ist, versuchen wir gemein-

sam mit dem Bezirk zu überwinden. Die Neugestaltung des Umfeldes des Schulkomplexes lässt uns auf Besserung hoffen. Wünschenswert wäre, dass das Gesamtpaket „Max-Taut-Schule = Stätte für Bildung und Kultur" viele Eltern und Jugendliche anspricht und dass insbesondere die Aula dadurch mit noch mehr Leben erfüllt wird.

Monika Mayer,
Schulleiterin der Max-Taut-Schule

07__Ansicht der Rückseite des Schulgebäudes mit dem Trakt an der Stirnseite der Aula.

Projektort_Fischerstraße 36 / Schlichtallee, Berlin-Lichtenberg

Planung und Realisierung_2005 – 2007

Planungsverfahren_Verhandlungsverfahren (2002); die Berliner Senatsverwaltung für Bildung, Jugend und Sport war im gesamten Planungsverfahren involviert

Bauherr_Land Berlin, vertreten durch die Senatsverwaltung für Stadtentwicklung

Nutzer_Max-Taut-Schule, Oberstufenzentrum Versorgungs- und Reinigungstechnik, und gelegentlich externe Mieter (Aula)

Projektsteuerung_Schäfer Architekten- und Ingenieurgesellschaft mbH, Berlin

Architektur_Max Dudler, Berlin

Tragwerksplanung_Pichler Ingenieure, Berlin

Landschaftsarchitektur_Lützow 7 C. Müller J. Wehberg, Garten- und Landschaftsarchitekten, Berlin

Haustechnik_NEK Beraten + Planen GmbH, Berlin

Akustik_BeSB GmbH, Berlin

Bühnentechnik_Ing. Ges. Wibbeke & Penders GmbH, Berlin

Bauleitung_BAL Bauplanungs und Steuerungs GmbH, Berlin

Grundfläche_1.666 m² (nur Aula, brutto)

Bruttogeschossfläche (BGF)_5.150 m²

Nettonutzfläche_2.300 m²

Gesamtfläche der Freianlagen_ca. 33.500 m² (2003 – 2008 in fünf Bauabschnitten realisiert)

Kosten des Gebäudes pro m² BGF_ca. 1.165 € (Kostengruppen 200 – 400 und 600)

Kosten der Freianlagen pro m²_ca. 52 € netto

01__Großer Chorsaal im ersten Obergeschoss.

Gut benotet
Domsingschule Stuttgart

02__Lageplan.

50m   100m

03__Die Domsingschule fügt sich als individuell ablesbarer Sonderbau in den baulichen Maßstab der Landhausstraße ein.

04__Großer Chorsaal mit Oberlicht und wolkenartigen Diffusoren an der Decke.

05__Hof mit Blick auf den Verbindungsbau zwischen Vorderhaus (rechts) und kleinem Chorsaal.

Musikschulen haben in Deutschland keineswegs Konjunktur. Geradezu eine Seltenheit ist es, dass sich eine Stadt den Neubau einer Musikschule leistet – und noch seltener in Zeiten anhaltender Kirchenaustritte, dass eine Kirchengemeinde sich einen solchen Kraftakt zumutet. Die Katholische Gesamtkirchengemeinde Stuttgart ist das Wagnis eingegangen und hat mit der Domsingschule nicht nur ein großzügiges Haus für die Chöre der Stuttgarter Dommusik und deren sängerische Ausbildung geschaffen, sondern auch ein Stück Stadtreparatur geleistet. Die stattliche Bauskulptur aus Ziegeln ergänzt eine im Zweiten Weltkrieg fast vollständig zerstörte, durch Nachkriegsbauten unterschiedlicher Höhe geprägte Häuserzeile gegenüber einer gründerzeitlichen Straßenrandbebauung mit stattlichen Schaufassaden aus Ziegeln und Natursteinmauerwerk.

Schon die äußere Form des an der Straße fast vollständig geschlossenen Baukörpers signalisiert dem Passanten, dass es sich hier nicht um ein weiteres Wohn- oder Bürogebäude handelt. Wie eine dreidimensionale Musiknote ragt der große Chorsaal an der Landhausstraße aus dem Kubus des Hauptbaukörpers in den Straßenraum hinein. Die „Rückseite" des Grundstücks wurde von no w here architekten stuttgart mit Seibold Bloss, anders als bei vielen Nachbarbauten, nicht als solche behandelt, sondern ebenfalls mit gestalterischem Anspruch bearbeitet. Die aufgrund der Hanglage tiefer gelegene Rückseite wird von einem kleineren zweiten Chorsaal beherrscht.

06__Wendeltreppe als „Kurzschluss" zwischen den Hauptgeschossen.

07__Stimmbildungszimmer im zweiten Obergeschoss.

Dieser schließt einen nach Westen geöffneten Hof ab, um den sich verschiedene Schulräume gruppieren. Ein Aufenthaltsbereich mit Küche, ein Spielraum, drei Büroräume und vier Wohnungen – in den obersten Geschossen mit Fernblick, aber beschränktem Einblick – ergänzen den Kernbereich aus Probe- und Stimmbildungsräumen.

Insbesondere die Chorräume überraschen mit einer Vielfalt an Formen, Farben und Lichtquellen. Durch Einschnitte in die Ziegelhaut werden einzelne „Schichten" aufgeklappt, eingewickelt und ausgebeult, wodurch sich sehr unterschiedliche Belichtungssituationen und Raumeindrücke ergeben. Durch die plastische Behandlung der Innenfassade aus Bambusholz löst sich der harte Charakter der Wand teilweise auf. Die Form der Wände und Decken (im großen Saal eine Schar von wolkenartigen Diffusoren zur Vermeidung von Flatterechos) begünstigt die Akustik in den Proberäumen. Im kleinen Saal umhüllen verschiedenfarbige Flächen und Texturen die Musiker, die sich in den Chorsälen sichtlich wohl fühlen.

Das bauliche Ergebnis des Planungsverfahrens (begrenzt offener, einstufiger Realisierungswettbewerb mit vorgeschaltetem Losverfahren) und einer intensiven Beteiligung der Nutzer von Anfang an – das heißt mit Beginn der Ausschreibung des Wettbewerbs – kann sich wahrlich sehen lassen. Es ist Zeugnis einer umfassenden Planungs- und Baukultur, die sich nachhaltig als Gewinn für die Stadt auszeichnet.

Aus Nutzersicht

Die Idee einer Domsingschule in Stuttgart stammt von Martin Dücker, Domkapellmeister an der Konkathedrale St. Eberhard, Friedemann Keck, Hochschulmusikdirektor und Leiter des Knabenchors „collegium iuvenum Stuttgart", und Andreas Weller, Vorsitzender des Trägervereins und Mitbegründer des Knabenchors. Im Sommer 1994 entwickelten sie die Konzeption eines Hauses mit idealen Bedingungen für die Chorarbeit.

Die Domsingschule ist eine Einrichtung der Katholischen Kirche in Stuttgart, ein Haus für die Chöre der Dommusik St. Eberhard sowie für den Knabenchor „collegium iuvenum Stuttgart" (Kooperationspartner). Die Dommusik St. Eberhard umfasst den Domchor, die Mädchenkantorei, die Domkapelle, die Schola Gregoriana sowie die Konzertreihe „musica poetica". Neben der musikalischen Ausbildung ist das Haus der Vermittlung religiöser Werte gewidmet.

Ein besonderes, auf die Bedürfnisse einer Großstadt zugeschnittenes pädagogisches Konzept zeichnet die Domsingschule aus. Sie bietet musikalische Früherziehung für Jungen und Mädchen im Vorschulalter und individuelle Stimmbildung an. In Kooperation mit ausgewählten Stuttgarter Grundschulen gewährleistet sie an den Probentagen der Chöre eine Ganztagsbetreuung: als offenes Haus ab der Mittagszeit, mit Hausaufgabenbetreuung, Internetzugang, Nutzung einer Handbibliothek sowie Freizeit- und Spielmöglichkeiten.

Durch die Partnerschaft von Mädchenkantorei und Knabenchor werden Synergieeffekte im Bereich der musikalischen Früherziehung genutzt. Diese beginnt ab dem fünften Lebensjahr und hat einen eindeutig „vokalen" Schwerpunkt. Spielerisch und mit viel Bewegung (Rhythmik) wird Sensibilität für Gesang und Musik geweckt. In der nächsten Stufe setzen Mädchen und Jungen getrennt, in ihren je eigenen Ensembles, ihre musikalische Entwicklung fort. In beiden Chören bildet die relative Solmisation (Tonika-Do-Methode) einen besonderen Schwerpunkt.

08__Freizeitraum im Keller.

Für die musikalische Arbeit stehen ein großer und ein kleiner Chorsaal, zwei Stimmbildungszimmer und ein Notenarchiv, drei Flügel, drei Klaviere, eine Orgel und ein umfangreiches Orff'sches Instrumentarium zur Verfügung. Hervorzuheben ist das Konzept des „Hauses der kurzen Wege" und seine hohe ästhetische Qualität. Insbesondere der Große Chorsaal strahlt eine bemerkenswerte Festlichkeit aus.

Martin Dücker,
Domkapellmeister an der Konkathedrale St. Eberhard

Projektort_Landhausstraße 29, 70190 Stuttgart

Planung und Realisierung_2001 – 2006

Planungsverfahren_begrenzt offener, einstufiger Realisierungswettbewerb mit vorgeschaltetem Losverfahren (2001); die Dommusik St. Eberhard war seit der Ausschreibung in das Planungsverfahren eingebunden

Bauherr_Katholische Gesamtkirchengemeinde Stuttgart

Nutzer_Domchor St. Eberhard, Mädchenkantorei, collegium iuvenum Stuttgart; als Mieter: Vocalensemble des SWR

Projektbetreuung_Baubüro der Katholischen Gesamtkirchengemeinde, Stuttgart

Architektur_Arbeitsgemeinschaft: no w here architekten stuttgart mit Seibold Bloss, Waiblingen

Tragwerksplanung_Furche Zimmermann Tragwerksplaner, Köngen

Landschaftsarchitektur_no w here architekten stuttgart

Haustechnik_piv – Planungsingenieure, Schorndorf

Lichtplanung_Altena Lichtplanung, Weinstadt

Akustik und Bauphysik_Büro für Bauphysik, Prof. Dr.-Ing. Hanno Ertel, Stuttgart

Grundstücksfläche_720 m²

Bruttogeschossfläche (BGF)_ca. 2.250 m²

Nettonutzfläche_1.800 m²

Kosten des Gebäudes pro m² BGF_ca. 1.950 € brutto

Kosten der Außenanlagen pro m²_ca. 50 € brutto

Oliver G. Hamm und Carl Zillich im Gespräch mit
Cornelia von Ilsemann und Gerhard Kramer

Chancen und Grenzen

Prozess- und Gestaltqualität
von Bildungsbauten

01__Realschule Eching, Diezinger & Kramer, 2006. Zentrale Halle.

Die jeweiligen Kompetenzen unterschiedlicher Akteure gleichberechtigt zusammenzuführen ist Bedingung und Grundlage erfolgreicher Baukultur. Exemplarisch dafür steht das Gespräch zwischen der Pädagogin Cornelia von Ilsemann, die als Abteilungsleiterin in der Bremer Bildungsbehörde für alle Fragen der Entwicklung und Steuerung von Schulen zuständig ist, und Professor Gerhard Kramer, der als Partner des Eichstätter Architekturbüros Diezinger & Kramer mehrere preisgekrönte Bildungsbauten errichtet hat. Neben einem Austausch zwischen den Handlungsfeldern von Politik und Architektur fließen auch länderspezifische Unterschiede zwischen Nord- und Süddeutschland sowie Flächen- und Stadtstaaten im förderalistischen Bildungssystem Deutschlands in diese baukulturelle Betrachtung mit ein.

Oliver G. Hamm: Die Planung und Realisierung von Bildungsbauten ist eine der vielschichtigsten Aufgaben der Baukultur in deren weitestem Sinn: Am Beispiel von Schulbauten wollen wir über das pädagogische Fundament, die Akteure und deren Kommunikationsprozesse in der Konzeptions- und Planungsphase und schließlich über die Architektur sprechen.

Bei der Planung von Schulbauten ist vieles von der frühen Konzeptionsphase und von den in diesem Zeitraum des baukulturellen Entwicklungsprozesses beteiligten Akteuren abhängig. Frau von Ilsemann, wer ist in Bremen in der ersten Phase an der Konzeption einer Schule beteiligt?

Cornelia von Ilsemann: Ich muss vorausschicken, dass wir in Bremen in mancher Hinsicht in einer privilegierten Situation sind. Die Bremer Behörde ist Schulträger und Ministerium und Schulaufsicht – alles in einem Haus und unter einer Leitung. Ein paar Schnittstellen, an denen man sich streiten könnte und an denen man sich anderenorts aus unterschiedlichen Portemonnaies bedienen muss, fallen in Bremen weg.

Die erste Frage, ob wir überhaupt ein neues Gebäude oder einen Erweiterungsbau brauchen, wird in der Behörde geklärt und kann durchaus mit den Schulen strittig sein. Bevor man sich über Konzepte verständigt, muss erst die Dringlichkeit des Bedarfs geklärt werden. Dann aber – und da hat ein kleines Bundesland wie Bremen Vorteile – wird sofort die Schule gebeten, ein Konzept auszuarbeiten. Die Schulleitung beauftragt in der Regel eine Arbeitsgruppe – und wenn sie klug ist, nimmt sie die Eltern dazu. Aber nicht jede Schule kann ihre pädagogischen Ideen gut in Konzepte

umsetzen – und nicht alle Architekten können ihre Raumvorstellungen mit pädagogischen Konzepten verbinden.

Carl Zillich: Worin liegen die Hauptschwierigkeiten von Pädagogen und Architekten bei der Planung von Schulbauten?

von Ilsemann: Pädagogen denken oft strukturkonservativ, das heißt in Klassenräumen und in Fluren. Weiter als bis zu Lerninseln innerhalb des gewöhnlichen Klassenraums oder auf dem Flur trauen sie sich oft gar nicht zu denken, weil sie kein inneres Bild von der räumlichen Gestaltung veränderter Pädagogik haben. Aber auch Behörden und Architekten verbinden mit Erweiterungen häufig vor allem eine bestimmte Zahl von Klassen- und Fachräumen. Gemeinsame Vorstellungen zu entwickeln, wie es anders sein könnte als gewohnt, ist insofern manchmal schwierig.

Hamm: Herr Kramer, Sie haben in knapp zwanzig Jahren ein halbes Dutzend Schulen und Sonderpädagogische Zentren gebaut. Haben Sie das Gefühl, als Architekt rechtzeitig mit ins Boot geholt zu werden, oder müssten Sie früher mitreden können, um mehr Einfluss auf die Prozess- und Gestaltqualität von Bildungsbauten ausüben zu können?

Gerhard Kramer: Es wäre mir ein großes Anliegen, viel früher größere Netzwerke zu knüpfen, um die Schule als Lebensraum zu optimieren. Architekten werden in der Regel relativ spät hinzugezogen und müssen oft mit einem sehr dezidierten Raumprogramm arbeiten: Jeder Raum ist in seiner Quantität und in seiner Funktion genau beschrieben. Wir werden vorher nicht zum Raumprogramm befragt.

Bei der von meinem Büro geplanten Förderschule in Winnenden gibt es eine klare Gliederung von Ober-, Mittel- und Unterstufe. Wir haben dieses Programm direkt in einzelne Gebäudeeinheiten umgesetzt, die sich aus einer gemeinsamen Basis – Verwaltung und technische Bereiche – entwickeln. Aber in der Regel ist das Programm so dezidiert, dass wir gar keinen Einfluss haben. Im Gegenteil, selbst wenn wir einen Architekturwettbewerb gewonnen haben, weil wir scheinbar vieles optimieren konnten, werden wir angehalten, die vorgegebenen Flächen sehr genau einzuhalten, um die vermeintliche Wirtschaftlichkeit zu gewährleisten.

02__Förderschule Winnenden, Diezinger & Kramer, 2006. Klassenraum.

von Ilsemann: Bekommen Sie Vorgaben nicht nur hinsichtlich der Gesamtflächen und des Volumens, sondern müssen Sie dann auch die einzelnen Klassen danach bauen?

Kramer: Richtig. Das „Klassenraumdenken" ist sehr verbreitet. Um ein paar Zahlen aus Süddeutschland zu nennen: Dort müssen wir auf 66 Quadratmetern 33 Schüler unterbringen – das ist insbesondere im Großraum München, der sehr stark wächst, gerade bei Realschulen die Regel. Die Raumhöhe ist mit drei Metern definiert, somit verfügt jeder Schüler über sechs Kubikmeter Luft – der Lehrer ist dabei noch nicht berücksichtigt. Die maximale Raumtiefe leitet sich unmittelbar aus der Forderung ab, dass auch in der letzten Reihe noch genug Tageslicht ankommen muss. Daraus ergibt sich im Grundriss ein Rechteck, das man absolut standardisieren könnte.

Wir Architekten können also gar nicht mehr gestalten, weil der Klassenraum durch die genannten Vorgaben bereits vollständig definiert ist. Daher gestalten wir die Bewegungsräume vor den Klassen und auch die Pausenflächen differenziert, um interessante Raumsequenzen aufzuspannen. Wir glauben, dass wir zum Beispiel mit Farbe als einfachem und kostengünstigem Medium Atmosphäre mit beeinflussen können.

Hamm: Wenn ich das, was Sie gerade formuliert haben, etwas überspitzt zusammenfasse, dann scheinen wir ja fast schon wieder in der für die 1970er Jahre typischen Situation zu sein, dass sich Schulbauplanung im „Stricken" immer gleicher Raumprogramme erschöpft. Ist die Situation zum Beispiel in Bremen anders als sie Herr Kramer für Bayern geschildert hat?

von Ilsemann: Wir haben in Bremen gar kein Raumprogramm. Es gibt allerdings auch Vorgaben wie „zwei Quadratmeter pro Kind in den Klassenräumen" – und es gibt Vorschriften hinsichtlich Luftqualität, Lichteinfall und Akustik. Wobei insbesondere das Thema der Akustik oft nicht ernst genommen wird – das ist dann für die Kinder und auch für die Lehrer sehr mühsam. In Bremen haben wir anstelle von Raumprogrammen Globalfestlegungen, in deren Rahmen zwischen Behörde, Schule und Architekt unter Einbeziehung einer städtischen Gesellschaft, die sich um die Finanzierung kümmert, verhandelt wird. Im Rahmen eines Gesamtbudgets einigt man sich dann. Das macht manches sehr viel leichter.

Die Verantwortung für Budgets und für Qualitätsstandards muss die Behörde haben. Denn Schulleiter wechseln auch mal und Schulen verändern ihr Profil. Die Verantwortung für die interne

Gestaltung – gewissermaßen für die „Füllung" – sollte aber bei der Schule liegen. Das gilt übrigens für vieles, was wir inzwischen zur Steuerung von Schulen überlegen. Wir machen ein Gesetz und eine Verordnung, aber die kluge Ausfüllung der Verantwortung liegt in der Qualitätsverantwortung von Schule. In unserer, also der behördlichen Verantwortung liegt es, dass die Verordnung zu guten Ergebnissen führen kann – und wir sind für das Controlling verantwortlich.

Einen Aspekt sollten wir aber nicht verschweigen: Viele Kommunen haben wenig Geld, nicht nur in Bremen, sodass es oft gar nicht um pädagogische Konzepte und dafür geeignete, auch gestalterisch ansprechende Gebäude geht, sondern um die Reparatur von Flachdächern oder um eine energetische Sanierung.

Zillich: Neben der Sanierung von Schulbauten ist die Anpassung vorhandener Gebäude an neue pädagogische Konzepte sicher die größte Aufgabe der nächsten Jahre. Wie sieht es bei Bestandsbauten mit dem Veränderungspotenzial von Räumen aus?

von Ilsemann: Man müsste darauf hinwirken, dass die Pädagogik, wie sie heute noch weitgehend praktiziert wird – mit Klassen- und Differenzierungsräumen, denn das ist das, was die Lehrer kennen –, verbunden wird mit einer Pädagogik, wie sie für die Zukunft wünschenswert wäre. Die Räume müssten so veränderbar sein, dass sie mehrere Nutzungsmöglichkeiten eröffnen. Das ist die eigentliche Herausforderung.

Es gibt ein Spannungsfeld zwischen offenen Bereichen, in denen man sich bewegen kann, und geschützten Zonen, in denen die Schüler konzentriert lernen können. Es ist also die Aufgabe der Architekten, Räume zu gestalten, in denen mal eine Großgruppe, mal eine Klasse oder nur Einzelne zusammen sind und die dann auch von den Lehrern in dieser Vielfalt genutzt werden können. Ich bin aber nicht sicher, ob es gelingen kann, Schulen gleichermaßen für die Bedürfnisse von heute und von morgen zu bauen und intern zu gestalten.

Hamm: Inwieweit können Räume in Schulbauten der sogenannten Gründerzeit, aber auch der Nachkriegszeit, so überformt werden, dass sie sich für heutige pädagogische Konzepte eignen, aber auch für möglicherweise ganz andere, in der Zukunft favorisierte? Ist es denn überhaupt denkbar, als Architekt so etwas zu leisten? Oder können Architekten nur den heute definierten Bedarf erfüllen und darüber hinaus lediglich versuchen, etwas Atmosphäre in die Räume zu bringen?

von Ilsemann: Ich würde die Frage gerne erweitern: Nehmen wir mal an, die Länder und Kommunen würden die Raumprogramme durch Qualitätsstandards ersetzen – oder durch Volumen- und Finanzvorgaben, in deren Rahmen Schulen und ihre Architekten frei agieren dürften. Könnten Sie es dann?

Kramer: Das ist eine schwere Frage. Ich würde am liebsten mit „Ja" und mit „Nein" antworten. Wir durften es noch nicht üben, aber wir würden es gerne tun. Ich glaube aber, dass wir als Architekten nicht nur ein Budget als Rahmenbedingung brauchen, sondern auch ein übergeordnetes pädagogisches Konzept. Wenn die Größe einzelner Bereiche und deren Anforderungen – auch an Veränderbarkeit – definiert wären, dann würde ich uns das zutrauen. Ganz wichtig ist die Unterscheidung von Schultypen: Grundschule, Realschule, Förderschule, Gymnasium. Eine Förderschule ist etwas ganz anderes als ein Gymnasium.

Zillich: Sie haben zwei Förderschulen gebaut, die sich stark voneinander unterscheiden: Bei der einen sind die einzelnen Bereiche an einem langen Flur aufgereiht, bei der anderen in verschiedene Baukörper aufgeteilt. Wenn Sie an den Entstehungsprozess zurückdenken: War die jeweilige Pädagogik immer nur unterschwellig im Raumprogramm enthalten, wurde sie jeweils

03__Sonderpädagogisches Förderzentrum Eichstätt, Diezinger & Kramer, 2001. Eingangshof.

sehr unterschiedlich kommuniziert – oder gibt es andere Gründe für die auffallenden Unterschiede in den architektonisch-räumlichen Konzepten?

Kramer: Zum einen sind es zwei unterschiedliche Bundesländer. Bei der einen, schon erwähnten Förderschule in Baden-Württemberg war unter anderem Dr. Otto Seydel in der Wettbewerbsjury, der sicherlich schon bei der Formulierung des Auslobungstextes seinen Einfluss auf die Pädagogik geltend gemacht hat. In Eichstätt konnten wir aus dem Programm kein Konzept herauslesen, sondern nur eine Aufreihung von Klassen – jeweils paarweise mit dazwischen liegendem Gruppenraum.

Zum anderen gab es sehr unterschiedliche bauliche Kontexte: In Eichstätt hatten wir es mit einem Restgrundstück an einer viel befahrenen Straße zu tun. In Winnenden war das Grundstück eine Wiese. Die pädagogischen Vorgaben haben uns dazu animiert, für die Ober-, Mittel- und Unterstufe einzelne Häuser mit jeweils eigener Identität

04__Schulzentrum Walle, Bremen, Hilmes Lamprecht Architekten BDA, 2004. Erweiterungsbau.

zu entwickeln und Dachterrassen mit zusätzlichen Freiflächen, als Ersatz für das relativ kleine Grundstück, vorzuschlagen. Mit dieser baulichen Lösung haben wir die pädagogischen Ideen offenbar genau getroffen – und wir wurden von der Schulleitung unterstützt, es dann auch genau so umzusetzen.

von Ilsemann: War die Schule daran beteiligt?

Kramer: Im genannten Fall: ja. Normalerweise ist die Beteiligung der Schule schwierig. Häufig kommuniziert erst einmal die Bauverwaltung mit den Architekten über Kosten und Termine, und erst zu einem späteren Zeitpunkt wird eine kleine Gruppe von Lehrern in den Prozess einbezogen. Vermutlich gibt es einfach auch Berührungsängste.

Zillich: Wie kommunizieren Sie mit der Verwaltung und mit den Pädagogen, welcher Sprache bedienen Sie sich?

Kramer: Unsere Sprache ist zunächst der Wettbewerbsentwurf, der meist schon die erste Optimierung durch die Bauverwaltung hinter sich hat, wenn wir erstmals mit der Schulleitung, mit Lehrern, aber auch mit Politikern zusammentreffen.

Hamm: Optimierung ist häufig nur ein Synonym für Kostensenkung. Wie weit können Sie diesen Weg mitgehen, ab wann leidet die Qualität eines Entwurfs?

Kramer: Wir kamen in einer Zeit zur Aufgabe Schulbau, als öffentliche Mittel nicht mehr in dem Maße zur Verfügung standen, wie man das zuvor gewohnt war. Ich sehe grundsätzlich kein Problem darin, mit wenig Geld auskommen zu müssen. Es ist unsere Aufgabe als Architekten, mit Steuergeldern treuhänderisch umzugehen und selbst bei sehr begrenztem Budget gute Schulen zu bauen. Wir überlegen uns, bezogen auf die einzelnen Bereiche, grundsätzlich immer, wo wir bewusst sparen können und wo wir auf keinen Fall sparen sollten – zum Beispiel bei der Akustik. Dies ist eine Frage der vernünftigen Bewertung.

Hamm: So wie ich Sie verstanden habe, werden nicht die Architekten, sondern die Schulen selbst als letzte in den Kommunikations- und Planungsprozess einbezogen. Macht also, zum Beispiel in Bayern, die Verwaltung ohnehin, was sie für

05__Ganztagsgrundschule Andernacher Straße, Bremen,
Bruns + Hayungs, 2005. Haupteingang.

06__Ganztagsgrundschule Düsseldorfer Straße, Bremen,
budde/hübschen Architekten BDA, 2006. Lehrerzimmer.

richtig hält – und die Pädagogen können sich erst
zu einem späten Zeitpunkt einbringen?

Kramer: Ich muss davon ausgehen, dass die
Schulleitungen ihre pädagogischen Konzepte auf
jeden Fall mit der übergeordneten Verwaltung
abklären. Was das für eine Kommunikation ist,
kann ich aber nicht beurteilen, sie artikuliert sich
lediglich im Text einer Wettbewerbsauslobung.

von Ilsemann: In Bremen würden es sich die
Schulleitungen gar nicht gefallen lassen, wenn sie
nicht sehr rechtzeitig einbezogen würden. Unter
pädagogischen Gesichtspunkten halte ich dies
auch für unabdingbar. Die organisatorische und
bauliche Gestaltung hängt doch ganz wesentlich
davon ab, wie die Schule sich vornimmt, in den
nächsten fünf bis zehn Jahren zu arbeiten – es sei
denn man sagt: Macht 08/15-Klassenräume und
seht zu, wie ihr die jeweils aktuelle Pädagogik
später dort „hineingießt".

Zillich: Wie bekommen Sie in Bremen die Kommunikation über Innovation zustande?

von Ilsemann: Der ministerielle Teil der Behörde
gibt nicht die Pädagogik vor, sondern nur, welche
Abschlüsse es gibt, welche Fächer, Bildungs-
pläne und Anforderungsniveaus. Wir empfehlen
auch bestimmte Arbeitsweisen, zum Beispiel
Teamarbeit von Lehrern und die Förderung der
Selbstständigkeit von Schülern. Wie die einzelne
Schule das umsetzt, liegt in der Regel in ihrer Verantwortung, solange die Schüler ihren Abschluss
schaffen. Dabei kann die Schule Unterstützung
für Innovationen bekommen. So etwas könnte ich
mir auch für innovative Bauplanungen vorstellen.

Nur muss man in jedem Fall die Budgetsorgen
ernst nehmen.

Zillich: Bleibt angesichts der leeren öffentlichen
Kassen überhaupt noch Spielraum für qualitative
Veränderungen?

von Ilsemann: Es gibt eine große Hilfe: die
demografische Entwicklung, die sich etwa in den
neuen Bundesländern und auch in Bremen sehr
stark auswirken wird, in Hamburg sicher weniger,
aber in manchen Flächenstaaten in den ländlichen
Gebieten geradezu dramatisch. Das schafft ja
Raumreserven innerhalb der alten Bausubstanz,
die man natürlich wunderbar nutzen kann – entweder für Ganztagsangebote (eine Mensa, Bewegungsmöglichkeiten für Schüler und Lehrerar-
beitsräume) oder für besondere Bereiche wie
einen Forscherraum oder einen „Raum der Stille".
Und man kann die Schule für den Stadtteil öffnen
und das Jugendamt, das Altencafé und Kirchen-
vertreter mit Räumen unterstützen – das geht
durchaus auch multifunktional. Wie wir mit bestehenden Gebäuden umgehen, wie wir sie
verändern um sie für neue Lernformen zu öffnen –
das ist die eigentliche Herausforderung.

Kramer: Richtig. Wir werden schon bald vor allem
im Bestand arbeiten. Ich sehe darin auch eine
sehr interessante Aufgabe. Hier können wir, im
Zusammenspiel mit den Schulen, Räume optimieren und zum Teil mit völlig anderen Gestaltungs-
mitteln arbeiten. Bestandsbauten haben in der
Regel nicht die aus heutiger wirtschaftlicher Sicht
optimalen Raumvolumina – aber genau damit können wir kreativ umgehen. Wir Architekten suchen
nach solchen Spielräumen. Hier sind aber auch

die Pädagogen stark gefordert, denn wir sind zwar in der Lage, jedes pädagogische Konzept räumlich umzusetzen, aber zuerst müssen die Pädagogen ihre Vorstellungen äußern – dann können wir im Dialog die Räume entwerfen, die das jeweilige Konzept unterstützen.

Ich würde es sehr befürworten, wenn sich eine gemeinsame Sprache zwischen den einzelnen Fachkompetenzen entwickelte. Im Moment sehe ich das noch zu wenig: Die Pädagogen gehen auf die Architekten nicht zu und umgekehrt ebenso. Dabei liegen die Aufgaben auf dem Tisch. Wir müssen aber erst zu einer gemeinsamen Sprache finden, um uns gegenseitig zu verstehen.

Hamm: Müsste man, auch angesichts der vielen Reformen in Berlin, in Hamburg, in Bremen und anderswo, den Akteuren Angebote zur Fortbildung machen, um den Konzeptions- und Planungsprozess zu unterstützen? Müsste vielleicht ein Moderator von außen dazugeholt werden, der die Sprache sowohl der Pädagogen als auch der Behörden und der Architekten spricht? Gibt es in dieser Hinsicht Ansätze, die Sie empfehlen können?

von Ilsemann: Es gibt keine professionellen Ansätze für solche „Übersetzer", aber es wäre vernünftig, entsprechende Fortbildungen oder Beratungen zu entwickeln. Ich bin dankbar, dass es verschiedene Stiftungen gibt, die professionelle Beratung und Unterstützung anbieten, wie etwa die Montag Stiftung in Bonn. Viele Schulplaner orientieren sich vor allem an preisgekrönten Vorbildern, wobei man sagen muss, dass viele Schulpreisträger hervorragende Pädagogik in grottenschlechten Gebäuden machen. Eins zu eins geht die Beziehung gute Pädagogik – gute Räume leider nicht auf.

Hamm: Die Frage, wer mit wem wann spricht, um etwas bewegen und mitunter Neues wagen zu können, betrifft auch das Thema „Bildungslandschaften". In Köln (Altstadt Nord), Hamburg („Tor zur Welt"), Berlin (Rütli-Campus) und anderswo verbünden sich bestehende Bildungseinrichtungen – von der Kita bis zum Gymnasium – mit teilweise neuen Initiativen, um gemeinsam möglichst breit gefächerte Angebote für ein ganzes Quartier zu entwickeln. Halten Sie überhaupt etwas von diesem Ansatz, oder ist das für Sie nur „alter Wein in neuen Schläuchen"?

Kramer: Für mich ist Schule nicht bloß eine Lehranstalt, die sich nur aus Funktionszusammenhängen ableitet und erklären lässt. Die Zusammenhänge aus dem Kontext – das ist die Gesellschaft, die sich inhaltlich und optisch mit der Schule austauscht –, das ist unser Thema: die räumlich-funktionalen Beziehungen und Abstufungen zum Stadt- bzw. Siedlungsgefüge.

von Ilsemann: Zu den Bildungslandschaften will ich zum einen sagen, dass die Idee der Vernetzung gesellschaftlich unabdingbar notwendig ist, und zum anderen, dass sie teilweise sehr schwierig zu realisieren ist. Unabdingbar notwendig ist es, dass Schulen eng zusammenarbeiten mit den Ämtern für soziale Dienste und dass sich in den Schulen jemand um die Gesundheit der Schüler kümmert. Schulen sind zudem sehr dafür geeignet, Jung und Alt zusammenzubringen und kulturelle Vermittlungsarbeit zu leisten. Wir haben in Bremen bei den Sechsjährigen inzwischen eine Migrantenquote von 46 Prozent, davon viele mit einem ganz anderen kulturellen Hintergrund. Deren Eltern trauen sich oft nicht in die Ämter für soziale Dienste, aber wenn diese in die Schulen integriert sind, gibt es weniger Schwellenängste. Und schließlich haben wir Schulen, die – wenn sie keine Ganztagsschulen sind – nachmittags leer stehen und ebenso wie Jugendzentren mit Medien- und Experimentierräumen ausgestattet sind, mit der Folge, dass beide miteinander darum konkurrieren, wo die Jugendlichen nachmittags hingehen. Hier wäre mehr Kooperation zwischen Jugendzentren und Schulen wünschenswert.

Wir errichten momentan ein Quartierbildungszentrum, indem wir eine Grundschule mit einer benachbarten Kita in eine Ganztagsschule umbauen und – nach dem Vorbild der niederländischen „Fensterschulen" – eine Mensa einbauen und Räume für Beratung und für freie Träger, auch für die Kirche, herrichten. Gleichzeitig integriert diese Schule geistig behinderte Kinder. In dieser Legislaturperiode haben wir uns fünf solcher Projekte vorgenommen. Das erweist sich als sehr sperrig, weil verschiedene Behörden zuständig sind, die alle im Ressourcenwettstreit miteinander stehen.

Zillich: Hier könnte doch sicher ein fachkompetenter Moderator helfen ...

07__Lern- und Ausbildungszentrum der Lebenshilfe-Werkstätten Ingolstadt, Diezinger & Kramer, 2004. Fassadendetail.

von Ilsemann: Auf der fachlichen Ebene vor Ort kann man mit Moderation einiges erreichen. Übrigens ist die Bundesregierung hier sehr aktiv, mit dem Projekt „Lernen vor Ort" fördert sie Netzwerke, sodass die Bürgermeister vor Ort das Projekt an sich ziehen können. Die Bundesregierung bezahlt Projektmanager, die alle Akteure an einen Tisch bringen und Prozesse moderieren können. Daran arbeitet auch die Kinder- und Jugendstiftung mit – ganz im Sinne des Projekts, das erreichen will, dass zivilgesellschaftliche Beteiligte und Stiftungen vor Ort sich mit einklinken. Im Augenblick hilft uns eine Projektstruktur, aber irgendwann muss man mal überlegen, wie die Zusammenarbeit dauerhaft funktionieren kann.

Angesichts dessen, was wir für Kinder und Jugendliche tun müssen, sind mehr Netzwerke überfällig. Herford in Nordrhein-Westfalen hat das schon vorgemacht und sich mit der Frage beschäftigt, welche Art von Hilfestellung jedes Kind braucht – von der Familienhebamme in

manchen Familien über die ärztliche Betreuung und Angebote von Kindergärten oder Tagesmüttern bis in die Schule hinein. Angesichts der vielen unterschiedlichen Zuständigkeiten ist die entscheidende Herausforderung eine Antwort auf die Frage, wie man Verantwortlichkeiten um das Aufwachsen von Kindern bündelt. Diese Idee muss sich dann auch in Räumen manifestieren. Architekten in Bremen hatten sofort Ideen, wie man das räumlich umsetzt.

Kramer: Ich glaube, dass es schwierig ist, erst einmal viele an einen Tisch zu holen um sie ihre Bedürfnisse artikulieren zu lassen. Es könnte die Rolle von Architekten sein, Bilder aufzuspannen, die zeigen, wie etwas sein könnte – und diese Bilder könnten dann dazu anregen, sich „einzulesen" und eine gemeinsame Sprache zu finden.

Das Gespräch führten Oliver G. Hamm und Carl Zillich am 26. August 2009 in Hannover.

Gert Kähler

Lebenslänglich verortet
Vom Wert des Lernens

„Alle menschlichen Handlungen brauchen notwendigerweise
einen angemessenen Ort, um sich ereignen zu können.
Der Ort ist also integrierender Teil der Handlungen, und andererseits ist
der Mensch nicht zu denken ohne Bezug auf die Orte."[1]

Christian Norberg-Schulz (1926–2000)

01__Evangelische Gesamtschule, Gelsenkirchen-Bismarck, Hübner-Forster-Eggler (plus+ bauplanung GmbH),
1993–2004. Moderne „Stadtteilschule".

Wenn man, zum Beispiel aus Anlass dieses Aufsatzes, systematisch die Schulbauliteratur und die gebauten Beispiele der letzten Jahre betrachtet, dann fällt bei den reichlich gezeigten Bildern auf: Sehr viele dieser Schulen stehen allein. Sie sind nicht Teil eines städtischen Gefüges, wie es noch die wilhelminischen Schulen des 19. Jahrhunderts waren, die durchaus in Straßenzeilen und Ecksituationen angeordnet sein konnten. Und das ist unabhängig von der Frage, ob die Bauten tatsächlich allein stehen, als Solitäre, oder ob sie nur so fotografiert sind – das veröffentlichte Foto zählt als architektonisch-städtebauliche Aussage.

Aber was hat das, so richtig es sein mag, mit dem Thema „lebenslanges Lernen" zu tun? Nun, die Sache ist einfach: Lebenslanges Lernen ist immer auch an lebenslangen Orten festzumachen. Lebenslanges Lernen – genau genommen: jedes Lernen, weshalb es bemerkenswert ist, dass der Ort, die Architektur als Lerngegenstand in der Schule eine so geringe Rolle spielt – ist Teil eines städtischen, dörflichen oder ländlichen Zusammenhanges, der individuell wahrgenommen wird.

Dabei ist nicht wichtig, was als Ort lebenslangen Lernens begriffen wird: Sind es die dafür vorgesehenen Bauten: Kindergarten, Grundschule, weiterführende Schule, Universität, Volkshochschule und Fortbildungszentrum? Oder ist es die gebaute Umgebung als Ort des Lernens: Kinderzimmer, Wohnung, Straße, Nachbarschaft, Stadt, andere Städte und Länder? Das eine ist vom anderen nicht zu trennen.

„Der dritte Pädagoge ist der Raum" – ein Klassiker der Zitatkultur: In Schweden wurde der Schulbau soweit ernst genommen, dass er als „Lehrer" begriffen wurde. Die Konsequenz daraus wäre, dass mit sich ändernden pädagogischen Konzepten zwischen wilhelminischer Obrigkeitsschule und heutiger sanfter Pädagogik (beziehungsweise ihren skandinavischen Korrelaten) sich nicht nur der Bau neuer Schulen verändert hätte – das hat er! –, sondern dass man auch die alten, einer als überholt angesehenen Pädagogik entsprungenen Bauten abgerissen hätte. Denn die hätten ja den Schülern etwas ganz Falsches beigebracht.

02__Volksschule Krausestraße, Hamburg, Fritz Schumacher, 1922. Aufnahme von 1961. Das Gebäude wird als städtebaulich wichtige Eingangssituation zu einem neuen Stadtteil begriffen.

03__Askanisches Gymnasium, Berlin, Hermann Blankenstein und Adolf Reich, 1874–1875. Wilhelminische Schulgebäude erweisen sich häufig als erstaunlich robust für pädagogische Reformen: Das Askanische Gymnasium dient heute als Montessorischule.

04__Klaus-Groth-Schule, Tornesch, IGH Ingenieurgesellschaft Haartje, 2006. Schule als Solitär: Das Gebäude liegt inmitten eines Einfamilienhausgebietes, hat aber – schon wegen des unterschiedlichen Maßstabs – keinerlei Verbindung dazu.

1. __ zitiert nach: Luigi Snozzi: „Der Ort oder die Suche nach der Stille", in: archithese. 3. Jg., 1984, S. 23.

Das ist weder in Schweden noch in der Bundesrepublik geschehen. Woraus folgt, dass man den zitierten Satz in der sogenannten Realität nicht so schrecklich wörtlich genommen hat. Oder man hat billigend in Kauf genommen, dass die Kinder in den alten Schulen eben falsch erzogen wurden. Aus wirtschaftlichen Gründen. Weil man sich den Abriss nicht leisten konnte.

Die Stadt als vielschichtiger Ort lebenslangen Lernens

Was für die Schulbauten gilt, gilt analog für die gesamte Stadt, und damit merkt man, wie absurd die Prämisse ist: Die Stadt ist nie nur eindimensional, auch nicht als Ort lebenslangen Lernens. Sie bringt den Lernenden nie nur eine, die gerade geltende „gute" Lehre bei. Sie ist eine Abfolge von Schichten, die eine „Geschichte" erzählen, deren einzelne Abschnitte durchaus negative Seiten haben konnten: Wer im Mittelalter arm war, wohnte objektiv viel schlechter als ein heutiger Hartz-IV-Empfänger. Trotzdem hängen wir am Mittelalter (vielmehr an einem geschönten Bild desselben) und würden unsere Städte am liebsten rückbauen.

Was heute mit dem Begriff des „lebenslangen Lernens" verbunden wird, ist aber nicht das informelle Umgehen mit einer gebauten Umgebung. Es ist vielmehr ein genauso programmatisch gezieltes, staatliches Programm wie es die Schule und die allgemeine Schulpflicht sind. Denn die wurden nicht eingeführt, weil man den Kindern etwas Gutes tun, gar ihnen die Chance zur Erweiterung ihres Horizontes bieten wollte. Das Humboldt'sche Bildungsideal hat mit der staatlichen Bildungsfürsorge nur zufällige Berührungspunkte, und die Bildung des „Volkes" war auch von Humboldt nicht gemeint, obwohl ihm auch die Volksschulen unterstanden – sein Ideal richtete sich an das gebildete Bürgertum, das die Universitäten besuchte. Staatliche Bildung diente und dient dem Staat, der Gesellschaft, und das vom Beginn an – es ist schwerlich ein Zufall, dass die ersten Lehrer (nach den mittelalterlichen Klerikern) Soldaten waren. Sicher ist es verkürzt, zu behaupten, die allgemeine Schulpflicht mit der Aufgabe, Lesen und Schreiben für alle zu lehren, sei nur das Ergebnis der Sorge, die zukünftigen Soldaten könnten sonst nicht die Gebrauchsanweisung ihres Sturmgewehres lesen. Aber genauso falsch wäre die Annahme, die allgemeine Schulpflicht sei ein zweckfreies Ergebnis staatlicher Fürsorge.

Das gilt auch für das lebenslange Lernen, das von Seiten des Bildungsministeriums „Lernen im Lebenslauf" heißt: „Das Lernen im Lebenslauf gehört zu den großen politischen und gesellschaftlichen Herausforderungen in Deutschland. Die Verwirklichung des Lernens im Lebenslauf ist entscheidend für die Perspektive des Einzelnen, den Erfolg der Wirtschaft und die Zukunft der Gesellschaft."[2] So heißt es in einem aktuellen, 2008 verabschiedeten Programm der Bundesregierung. Dass die „Perspektive des Einzelnen" an erster Stelle der Aufzählung des Nutzens gewürdigt wird, mag eher taktische Gründe für die Durchsetzung des Programmes haben.

Das Regierungsprogramm bringt in eleganter Volte die heutigen Schreckensvokabeln zusammen (nur der Klimawandel fehlt): „Die Globalisierung und die Wissensgesellschaft stellen die Menschen vor große Herausforderungen, die durch den demographischen Wandel noch verstärkt werden: Wissen sowie die Fähigkeit, das erworbene Wissen anzuwenden, müssen durch Lernen im Lebenslauf ständig angepasst und erweitert werden. Nur so können persönliche Orientierung, gesellschaftliche Teilhabe und Beschäftigungsfähigkeit erhalten und verbessert werden. Deshalb ist der ,Wert des Lernens' zu erhöhen, unabhängig davon, ob das Lernen in erster Linie zur Weiterentwicklung der Beschäftigungsfähigkeit, zur Ausübung des bürgerschaftlichen Engagements oder aus rein privaten Gründen erfolgt."[3]

Jetzt ist die Reihenfolge im letzten Satz schon umgedreht worden. Wobei die logische Frage unbeantwortet bleibt, ob die „Beschäftigungsfähigkeit" und das „bürgerschaftliche Engagement" nicht auch private, individuelle Aspekte abbilden: „Das heißt, die Verwirklichung des Lernens im Lebenslauf betrifft alle Bildungsbereiche. [...] Gleichzeitig muss Lernen auch für Menschen in der spät- und nachberuflichen Phase attraktiv

2. __ Homepage des Bundesministeriums für Bildung und Forschung, Rubrik „Bildung", Stichwort „Lernen im Lebenslauf" (http://www.bmbf.de/de/411.php).

3. __ Ebd.
4. __ Ebd.

05__Oberstufenkolleg und Laborschule Bielefeld, Planungskollektiv Nr. 1, 1974. Schul- und Hochschulzentrum: Die Addition von schulischen Einheiten macht einsam.

bleiben – zum einen, damit ihr Wissen und ihre Kompetenzen erhalten bleiben. Zum anderen, um gesellschaftliche Teilhabe und die Wertschätzung ihrer Erfahrungen zu ermöglichen."[4]

Bildung, auch Weiterbildung, nutzt (vor allem) dem Staat

Die entscheidende Frage aber ist: Warum kümmert sich der Staat überhaupt um dieses Thema und überlässt es nicht der individuellen Entscheidung? Die Antwort ist immer die gleiche: Weil es dem Staat nutzt. Deshalb hat die Bundesregierung 2008 eine „Konzeption für das Lernen im Lebenslauf" verabschiedet – wer erinnert sich nicht des Aufsehen erregenden Programms? Verbesserung der Bildungschancen, Maßnahmebündel, Erleichterung der Übergänge, 90 000 „zusätzliche Ausbildungschancen" im „Hochschulpakt", Hinwendung zu Technik und Naturwissenschaften und, last, but not least, die „Verbesserung der Chancen für Frauen" stehen auf dem Programm. Zugegeben: die Punkte kommen einem irgendwie schon bekannt vor. Aber das gilt nicht für den eigentlich neuen Kern, nämlich die Einführung einer „Bildungsprämie": „Durch finanzielle Anreize sollen mehr Menschen zur individuellen Finanzierung von Weiterbildung motiviert und befähigt werden.

06__Gesamtschule Hamburg-Steilshoop, Architektengemeinschaft Jacob B. Bakema, Heinz Graaf, Klaus Nickels, Timm Ohrt, Peter Schweger, Jos Weber, 1970 – 1975. Eine „Stadtteilschule" mit zahlreichen außerschulischen Einrichtungen.

**07__Haidach-Zentrum Pforzheim, Werkgruppe Lahr, 1992.
Schulerweiterung, Bürgerhaus und Kita: Das Zentrum,
wörtlich genommen, scheint zu funktionieren.**

Außerdem müssen Bildungsausgaben als Investition verstanden werden."[5] Ob Studiengebühren gegengerechnet werden können, bleibt offen.

Kern des Förderprogramms ist die Zusammenfassung von kommunalen Bildungskonzepten und der Konzepte von Stiftungen, also privaten Bildungsträgern. Ziel ist, ein „ganzheitliches, kohärentes Management für das Lernen im Lebenslauf zu entwickeln und umzusetzen."[6] Nun weiß man nie genau, ob es um Langzeitarbeitslose oder um wirklich neue Bildungschancen geht (oder um einen neuen Beruf, den Bildungsmanager); aber grundsätzlich ist gegen ein derartiges Programm nichts einzuwenden, wiewohl Ergebnisse noch nicht vorliegen können: „Wesentliches Merkmal solcher Konzeptionen ist die Zusammenführung der für Bildung in einer Kommune unterschiedlichen Zuständigkeiten und die Einbeziehung aller wichtigen Bereiche – insbesondere der Familienbildung, der frühkindlichen Bildung, der Übergangsphasen, der allgemeinen und der beruflichen Weiterbildung – unter besonderer Berücksichtigung einer ganzheitlichen Betrachtung individueller Bildungsbiographien."[7]

Genug zitiert. Wie aber muss man sich ein solches „Lernen vor Ort" idealerweise vorstellen? Gibt es überhaupt eine ideale Form dafür? Schulzentren, bei denen vom Kindergarten über die Vorschule bis zur (Volks-)Hochschule alle Einrichtungen gebündelt sind, wurden bereits in der Vergangenheit gebaut – zum Beispiel in Bielefeld mit der Laborschule, dem Oberstufenzentrum und der Universität; oder in Hamburg-Mümmelmannsberg und -Steilshoop, wo Gesamtschulen für 2400 Schüler plus Haus der Jugend, Stadtteilbibliothek, Volkshochschule, Elternbildungsstelle, Erziehungsberatungsstelle, Kindertagesheim und Halbtagskindergarten eingerichtet wurden, sowie in vielen anderen Städten, in denen man den Nutzen der Mehrfachnutzung einer Fläche sah.

Leider hatten diese Schulen, viele davon in den 1970er Jahren gebaut, einen Nachteil, sie waren zwangsläufig zu groß. Zu groß aber hieß: Sie konnten nicht innerhalb der bestehenden Stadt gebaut werden, weil keine leeren Flächen zur Verfügung standen – wir reden von der Zeit, da „Konversion" noch kein Thema war. Ein „Schulzentrum" außerhalb des „Stadtzentrums" jedoch erfüllt nicht die Anforderung, Ort des Lernens bestehend aus Stadt und Funktionsgebäude zu sein. Das Schulzentrum auf der grünen Wiese ist ein Witz – aber ein schlechter.

Nun gab es auch schon in den pädagogisch engagierten 1960er und 1970er Jahren Versuche, aus dem Dilemma herauszukommen, und nicht nur in Neubauvierteln, in denen das ohnehin möglich war. In Helsinki wurde eine innerstädtische Schule gebaut, durch die man als normaler Bürger hindurchgehen kann – kein Hausmeister fragt nach dem Begehr, keine Versicherung stellt Vorbedingungen. Bibliothek, Cafeteria, Clubräume sind für jedermann geöffnet; die Stammklassen liegen auf der oberen Ebene, von deren Flur (der nicht wie ein „Flur" aussieht!) man nach unten sehen kann.

Vorbild Community Centres?

Das scheint in Deutschland nicht genehmigungsfähig zu sein: Man könnte nämlich von oben Papierbällchen oder anderes auf die Passanten werfen. Zwar kann man das auch von jeder Brücke – dort ist es aber kein Problem einer Schulverwaltung. Das Beispiel zeigt, wie sehr in Deutschland die Bemühungen, Lern-Ort und gebaute Umgebung zu verbinden, durch Vorschriften reguliert werden; in Skandinavien oder Großbritannien ist das offenbar leichter.

In Großbritannien hieß es schon 1973: „Es gibt keine wahrnehmbaren Grenzen zwischen Schule und Erwachsenenbildung, zwischen Sekundarstufe II und Jugendclub. Die Schulbühne dient als Theater der Stadt. Der Kinderhort wird von der Hauswirtschaftsabteilung der Schule betrieben und steht Kindern von Kranken der Krankenstation (des Zentrums) ebenso offen wie Kindern von Teilnehmern an Kursen der Erwachsenenbildung. Erfrischungs- und Speiseräume versorgen sowohl Schule als auch Bürger. Turnhallen und Spielfelder der Schule sind mit Sporteinrichtungen der Gemeinde zusammengefasst"[8] – so schildert eine englische Planergruppe die sogenannten Commmunity Centres: Die Räume werden von den verschiedenen Interessengruppen zu unterschiedlichen Zeiten gemeinsam genutzt: Was morgens Schulklasse ist, dient abends als Volkshochschule.

Das aber ist auch heute noch für viele Schulen und Kommunen hierzulande schwierig, weil es an die Substanz deutscher Regelwerke geht: Wer ist für was verantwortlich? Welcher Hausmeister ist wann zuständig? Welche Einrichtung, welche Behörde zahlt für welche Beschädigung oder Abnutzung?

Die Fragen kann man leicht karikieren, sie müssen dennoch erst beantwortet werden, bevor man allzu euphorisch an eine Übernahme der zitierten Überlagerungen geht; spätestens, wenn die ersten Eltern vor Gericht klagen, weil ihr Kind aufgrund vermeintlich mangelnder Aufsicht einen verstauchten Knöchel hat, wird man merken, dass in Deutschland immer noch die Regelung vor der Fantasie kommt.

Dennoch ist das in England zugrunde gelegte Modell überaus einleuchtend, sofern eine weitere Forderung erfüllt wird, die die starren, monofunktionalen Überlegungen auszuhebeln in der Lage ist, nämlich die unbedingte Voraussetzung, dass eine derartige Einrichtung nur im Zentrum der Wohnbevölkerung angesiedelt werden kann, wenn sie angenommen werden soll. Wenn man diese Prämisse jedoch akzeptiert, dann führt das schnell zu Überlegungen, die über die großen, ein- bis zweigeschossigen, flexiblen „Schulkisten" hinausgehen, die in den 1970er Jahren als das Nonplusultra des Schulbaus galten. Im Stadtzentrum muss man nämlich überlegen, wie die ringsum vorhandene innerstädtische Bebauungsdichte auch auf die Schule übertragen werden kann. Und man muss prüfen, ob die Schule zumindest teilweise dezentral, das heißt in mehreren Gebäuden untergebracht werden kann: Stapeln und Dezentralisieren für eine neue Art von Bildungszentrum?

5. __ Ebd.
6. __ Bekanntmachung von Förderrichtlinien für das Programm „Lernen vor Ort" auf der Homepage des Bundesministeriums für Bildung und Forschung, Stichwort „Das Förderprogramm ‚Lernen vor Ort'" (http://www.lernen-vor-ort.info/_media/ BMBF_Foerderrichtlinien_lvo_final.pdf).

7. __ Ebd.
8. __ Gruppe Schule: „Schulplanung – Ghettoplanung?", in: Baumeister. 2. Jg., 1973, S. 189.

08__Institut für Journalismus der Katholischen Universität Eichstätt, 1985–1987, Karljosef Schattner. „Lernort Stadt": Eichstätt zeigt, wie man mit Bildungseinrichtungen ökologisch, pädagogisch und architektonisch sinnvoll umgeht.

In der Bundesrepublik stellen Beispiele wie die Schule in Haidach eher die Ausnahme dar. Dort, in Pforzheim, wurde durch eine eher platte Symbolfigur, ein Kreis, tatsächlich ein Zentrum einer tristen Plattenbausiedlung geschaffen: Hauptschulerweiterung, Bürgerhaus, Kindergarten, Stadtteilbibliothek und Jugendzentrum sind zusammengefasst. Der Ansatz, auf architektonische wie funktionale Weise einen Ort der Identifikation zu schaffen, ist offenbar erfolgreich gewesen; Haidach gehört inzwischen zu den teuersten Wohngebieten der Stadt.

Heute sind viele Kommunen in der glücklich-unglücklichen Lage, dass die genannte Prämisse – zurück ins Zentrum – erfüllt werden kann. Un-glücklich, weil die Situation häufig mit wirtschaftlichem Niedergang einhergeht: Schrumpfen als gesamtdeutsches Phänomen, Konversion als Folge des Niedergangs der Industrie. Glücklich, weil das eben auch eine Chance bedeutet, wenn man aus den Fehlern der Vergangenheit lernen will.

Das Zentrum als Lern-Ort gebauter Geschichte

Eine Stadt, die schon seit vierzig Jahren Umnutzung zum funktionalen wie architektonischen Programm macht, ist Eichstätt. Von der Domdechantei über deren Volksschulnutzung bis zur bischöflichen Verwaltung, von der fürstbischöflichen Sommerresidenz zur Universität, vom Speicher zum Museum – auch das ein Ort lebenslangen Lernens! –, vom Palais über ein Gymnasium zur Bibliothek, vom Hofstall zum Studentenzentrum, vom Waisenhaus zum Institutsgebäude: Karljosef Schattner und sein Nachfolger, Karl Frey, verbinden Altes mit Neuem, nutzen ein Zentrum, das gebaute Geschichte ist, und machen den Ort Eichstätt zum spannendsten Beispiel dafür, dass eben dieser Ort Lern-Ort ist. Es zeigt sich, dass der Begriff Stadtzentrum etwas anderes bedeutet als nur die Summe ähnlicher Funktionen. Er lässt sich geografisch deuten, als der Mittelpunkt der Stadt im buchstäblichen Sinne. Er ist aber darüber hinaus auch als das Herz der Stadt zu verstehen, als der Ort, an dem die spezielle Stadt am charakteristischsten ist, der Ort, aus dem sie ihre Identität schöpft: Beim Stadtzentrum geht es nicht um die Kumulation von Funktionen, sondern um die Kumulation von Bedeutungen.

Zum Schulbau in seiner spezifisch schweizerischen Variante schreibt der ebenso schweizerische Stanislaus von Moos: „Selbstverständlich wäre es Unsinn zu behaupten, dass schulische Vorzüge und Mängel von Bauten nebensächlich seien; hingegen darf bezweifelt werden, ob sie identisch sind mit dem, was man Architektur nennt."[9] In Eichstätt aber kommen die Vorzüge und Mängel mit der Architektur zusammen. Da reden wir nicht von „lebenslangem Lernen", von „Bildungsmanagement" oder ähnlichen zweckorientierten Begriffen. Da reden wir über etwas, das die Seele anrührt. Oder über das Humboldt'sche Bildungsideal. Der Mensch, der nach Norberg-Schulz nicht zu denken ist ohne Bezug auf die Orte, genießt in Eichstätt eine besondere Erfahrung. Vielleicht ist es doch kein Zufall, dass die meisten der genannten Neu-, Um- und Anbauten in Eichstätt Bildungsbauten im weitesten Sinne sind. Der Lern-Ort „Schule" und der Lern-Ort „Stadt" kommen dort zusammen. Dann begreifen wir, dass der griechische Ursprung des Wortes „Schule" angemessen mit „Muße" übersetzt wird.

09__Fachbereichsbibliothek Theologie im Ulmer Hof (ehemaliges Gymnasium), Eichstätt, 1978 – 1980, Karljosef Schattner.

9. __ Stanislaus von Moos: „Notizen zu einigen neuen Schweizer Schulbauten", in: Werk – archithese, Heft 13 – 14 / 1978, S. 16 – 28.

Michael Braum

Herausforderung Bildung

„Wenn Bauen Wohnen und wenn Bauen ein Stiften und Fügen geistiger
Räume sein soll, muss dann nicht in einer Demokratie der begehbare
Schulzeitraum zur Schulwohnung werden, die sich in Ruhe
und Bewegung so aufgliedert, dass sie den Schüler dazu geleitet,
seiner selbst als politischer Mensch bewusst zu werden und mit
sich ins Gleichgewicht zu kommen?"

Adolf Arndt (1904 – 1974)[1]

Die Wertschätzung unserer Gesellschaft gegenüber unseren Kindern und deren Bildung muss sich in der Qualität der pädagogischen Konzepte, der Lehrerausbildung und der Schulgebäude widerspiegeln.

Dies setzt ein Weiterdenken in der Bildungspolitik voraus, auch in baukultureller Hinsicht. Die baukulturelle Dimension dieser gesellschaftlichen Herausforderung lässt sich an folgenden Aspekten festmachen:

- Vordringlich ist es, den Austausch zwischen den Akteuren, das heißt den Lernenden, den Lehrenden, den Bildungspolitikern und den Entwerfenden, auf allen Ebenen zu verbessern.
- „Baufamilien", die sich aus oben genannten Vertretern zusammensetzen, sollten bei jedem Um- und Neubau von Bildungsorten der Bauherrenschaft zur Seite gestellt werden, um den personifizierten Erfahrungsaustausch an die Stelle der formalisierten Erfüllung vorgegebener Programme zu setzen.

- Um pädagogischen Konzepten angemessene Räume zu geben, sind die Gebäude wie die zu ihnen gehörenden Freiräume entsprechend wertig zu gestalten.
- Schulen sind nicht reine Bildungsorte.
  Sie sind prägend für Identität und Austausch. Deshalb müssen sie sich zu Identitätsträgern für ganze Stadtteile entwickeln. Dies erfordert neben pädagogischen und objektbezogenen Kenntnissen eine diese ergänzende städtebauliche beziehungsweise stadtentwicklungspolitische Betrachtungsweise.
- Jedem Um- und Neubau muss man zukünftig ansehen, dass Verantwortung für die besonderen Anforderungen unseres Bildungssystems übernommen wurde.

---

1. __ Adolf Arndt: Demokratie als Bauherr. Berlin, 1961, S. 20.
Vgl. auch Hans Scharoun, in: Otto Bartning (Hrsg.): Darmstädter Gespräch 1951: Mensch und Raum. Darmstadt, 1952.

Zu den Aspekten im Einzelnen:

Den Dialog zwischen den Akteuren
fördern, Kompetenzen anerkennen
und weiterentwickeln

Eine der Hauptursachen der in dieser Publikation
beschriebenen Missstände im Schulbau liegt, neben den fehlenden finanziellen Ressourcen, in der
unübersichtlichen Zuständigkeit und der auch daraus resultierenden mangelnden Kommunikation
zwischen Bildungspolitikern, Pädagogen, Planern,
Architekten und Nutzern. Es bedarf dringend des
Dialogs aller beteiligten Akteure unter Akzeptanz
ihrer spezifischen Kernkompetenzen, durchaus
auch institutionalisiert. Die Lernenden sind die
Experten für das Leben in den neuen Räumen, die
Lehrenden für die Pädagogik, die in diesen Räumen möglich werden soll und die Entwerfenden
für die räumlich und gestalterisch angemessene
bauliche Umsetzung. Wir dürfen die Konzeption
der Schulräume weder alleine dem Belieben der
Lehrenden noch den unterschiedlichen Vorstellungen der Lernenden, auch nicht den gestalterischen Idealen der Entwerfenden überlassen und
ebenso wenig ausschließlich der Verantwortung
der Schulbehörden, die vor allem die Umsetzung
der Schulbaurichtlinien und Sicherheitsvorschrif-
ten im Auge haben. Wir müssen vielmehr dafür
sorgen, dass die unterschiedlichen Akteure ihre
gegenseitigen Kompetenzen anerkennen, austau-
schen und gemeinsam weiterentwickeln.

Dazu sind die Voraussetzungen zu schaffen,
beispielsweise durch die Gründung von „Baufamilien", die für jede größere Baumaßnahme, ob
Um- oder Neubau, von der offiziellen Bauherrenschaft einberufen wird. In der „Baufamilie" sollten
folgende Akteure vertreten sein: die Lehrenden,
die Lernenden, Vertreter der Hochbauverwaltung
sowie die für den Bau oder Umbau der Schule
verantwortlichen Träger. Die „Baufamilie" wird
durch das entwerfende Team von Architekt und
Landschaftsarchitekt moderiert, indem dieses die
spezifischen Nutzungsbedürfnisse gestalterisch
umsetzt.

Der persönliche Erfahrungsaustausch der
beteiligten Akteure ersetzt mit diesem Vorschlag
die formalisierte Erfüllung von vorgegebenen
Raumprogrammen. So können Richtlinien mehr
Gestaltungsraum lassen, da die Verantwortung
des spezifischen Raumprogramms einer jeden
Schule der „Baufamilie" übertragen wird.

In Bildungsorten Atmosphären und
bauliche Innovationen ermöglichen

Die Schulen tragen neben der Wohnung, dem
Kindergarten und dem Stadtquartier zu den ersten räumlich-gestalterischen Erfahrungen unserer
Kinder bei. Nicht zuletzt aus diesem Grund müssen sie atmosphärisch ansprechende Orte sein,
die in einem umfassenden Verständnis ästhetisch
sensibilisieren.

Zukunftsfähige Schulbauten erfordern baulich-
räumliche Voraussetzungen, um zeitgemäßen
pädagogischen Konzepten einen angemessenen Rahmen zu geben. Dies gilt für Neubauten,
ebenso wie für anstehende Umbauten, die den
weitaus größeren Teil der Bauaufgaben ausmachen.

Klassenräume müssen in Größe, Zuordnung
und Ausstattung vielfältig nutzbar und für unterschiedliche Lernsituationen geeignet sein, damit
in ihnen ein aktives und handlungsorientiertes
Lernen möglich ist. Sie sollten durch kleinteilige
Raumangebote sowie Forscher- und Leseplätze,
Präsentations- und Ausstellungsflächen ergänzt
werden, um für unterschiedliche Lernformen – alleine, in der Kleingruppe oder im Klassenverband
– entsprechende räumliche Angebote anzubieten.

Dabei sind die baulichen Voraussetzungen zu
schaffen, um optional Klassenräume zu Clus-
tern mit gemeinsam nutzbaren multifunktionalen
Erschließungsbereichen sowie Teamstationen
und Arbeitsplätzen für Lehrer zu verbinden. Dies
erleichtert die gemeinsame Arbeit und ermöglicht
die Bildung einer verlässlichen Kommunikation
aller Beteiligten. Um auch in den Räumen außerhalb der Klassenzimmer gute Lernbedingungen
zu schaffen, müssen in allen Räumen der Schule, auch in den sogenannten Nebenräumen, die
Schall-, Licht-, Luft- und Temperaturverhältnisse
eine angemessene Berücksichtigung finden.

Schulgebäude sind immer im Zusammenhang
mit dem sie umgebenden Freiraum zu denken, der
ebenfalls als hochwertiger Lern- und Lebensort
zu gestalten ist; eine Aufgabe, der vor allem in
den Ganztagsschulen eine besondere Beachtung
geschenkt werden muss. Architekten und Pädagogen müssen gemeinsam einen geeigneten
räumlichen Rahmen schaffen, der offen ist für
eine Veränderung des pädagogischen Konzepts.

Debatten über Qualität initiieren und Wissen austauschen

Wir brauchen weniger Richtlinien als zunehmend qualitative Zielvereinbarungen, deren Zielsetzungen sich an den Erfahrungen mit gelungenen Schulbauten orientieren. Ein *Schulbauinstitut*, das die Erfahrungen bundesweit zusammenführt, könnte als *think tank* genutzt werden, um zeitgemäßes Wissen über Bildungsbauten aufzuarbeiten, damit die Kommunen und Schulen auf diesen Erfahrungsschatz bauen können. Dies muss mit der notwendigen Deregulierung von Entscheidungsprozessen Hand in Hand gehen.

Qualitative Zielvereinbarungen für Neu- und Umbauten, die verstärkt pädagogische Kriterien berücksichtigen, müssen in Ausschreibungen für Wettbewerbe einfließen. Vergleichbar der oben beschriebenen „Baufamilie" sollte in der Besetzung der Jurys von Schulbauwettbewerben eine partnerschaftliche Verantwortung zum Ausdruck kommen. Eine derartige Qualifizierung des Wettbewerbswesens für Schulbauten wird sich nachhaltig auf die Qualität der realisierten Schulbauten auswirken.

Beim Neu- und Umbau von Bildungsorten offensiv Verantwortung übernehmen

In einigen unserer Nachbarländer zeugt der Neu- und Umbau von Schulen von einer ausgeprägten gesellschaftlichen Verantwortung gegenüber den Bildungsorten. Dementsprechend pädagogisch und baulich innovativ wird dort agiert. Auch in der Bundesrepublik haben einzelne Länder begonnen, durch Schulbaupreise oder interdisziplinäre Workshops eine Qualitätsdebatte über Bildungsarchitektur zu initiieren. Die Architektenkammern sind in diesem Kontext engagiert, Reflexion und Innovation zu fördern.

Die baulich-räumliche Dimension hat im Schulbau in Deutschland, trotz unbestritten herausragender Einzelprojekte in den vergangenen Jahren, noch nicht ihren angemessenen Niederschlag in der Breite gefunden. Als zentrale Herausforderung dabei gilt es, Atmosphären anstelle rein flexibler Strukturen zu schaffen, deren Grenzen wir aus den Erfahrungen der 1970er Jahre hinlänglich

kennen. Die Schulhäuser müssen dazu beitragen, Identitätsorte für die Lernenden und die Stadtgesellschaft zu werden.

Dazu müssen individuelle Lösungen für jede Einrichtung und jeden Ort gefunden werden, die mit Bezug auf die pädagogischen Vorstellungen und das städtebauliche Umfeld ihre spezifisch gestalterische Kraft durch architektonische Lösungen entwickeln können.

Der Raum hilft, sich wohlzufühlen. Dort wo sich Kinder wohlfühlen, wird eine allen Kindern in den Genen liegende Lust und Freude am Lernen aufgegriffen. Damit ein Mensch lebenslang lernt, braucht es einladende Räume, durch die er inspiriert wird. Dies erfordert, dass die Gestaltung des Raumes und dessen Wahrnehmung Bestandteil pädagogischer Konzepte und der pädagogischen Ausbildung werden muss. So sind die Zeiten vorbei, zu denen innen gelernt und außen gespielt wurde. Beides findet an beiden Orten statt. Innen- und Außenräume sind in einem zeitgemäßen Verständnis von Lern- und Lebensorten in Beziehung zueinander zu entwerfen.

Die Bedeutung der Bildung für die Zukunft der Gesellschaft muss sich wie selbstverständlich in einem angemessenen finanziellen Rahmen für die Ausstattung ihrer Gebäude und den dazu gehörenden Freiräumen widerspiegeln. Dadurch können Schulen materiell und konstruktiv hochwertig und dauerhaft gestaltet werden, sodass sie allen Nutzern ästhetisch als vorbildliche Orte dienen und unsere gesellschaftlichen Ansprüche angemessen repräsentieren können.

Schulen zu Identitätsträgern der Stadtteile entwickeln

Schulen sind in ihrem Umfeld nicht immer gern gesehen. Sie werden häufig von der Nachbarschaft als Störfaktor wahrgenommen. Sie sind laut, erzeugen Verkehr und bringen Öffentlichkeit in das Quartier, die nicht immer gewollt ist. Dieses Empfinden zu verändern, bedarf vor allem eines gesellschaftlichen Dialogs, der durch bauliche Konzepte unterstützt werden kann.

Die Herausforderung besteht dabei darin, als störend empfundene Einrichtungen umzukodieren und ihnen zu einer positiven Wahrnehmung zu verhelfen. Um dies zu erreichen, sollten Schulen öffentliche Angebote machen, die Bewohnern des jeweiligen Stadtteils einen Nutzen bringen. So wären Mensen und Bibliotheken als Cafés und Treffpunkte für die Bevölkerung denkbar. Und nicht nur die Sporthallen, sondern auch die Freiräume könnten von den Anwohnern genutzt werden. Schulen würden sich so zu integrativen Orten der Stadtteile entwickeln und, anders als in den 1970er Jahren, nicht „Stadt spielen", sondern Teil der Stadt werden. Erst wenn es gelingt, hier gestalterisch angemessene und funktional überzeugende Angebote zu machen, von denen auch das Quartier einen Nutzen hat, werden die Bildungsorte die Bedeutung in unserer Gesellschaft einnehmen, die ihnen zukommen muss.

Dies gilt auch für deren stadträumliche Verortung. Vor allem in weniger großen Städten gilt es, die der Funktionstrennung und Ökonomie geschuldeten Randlagen der Schulen zu überdenken und die Schulen, wo möglich, wieder zum Baustein einer gebauten gesellschaftlichen Mitte werden zu lassen, um dort das Lernen mit dem Leben aller zu vernetzen. Sogenannte „Bildungslandschaften" weisen hier einen richtungsweisenden Ansatz auf. Der Bildung muss im Rahmen der Stadtentwicklung ein größerer Raum gegeben werden. Ansatzpunkte dazu gibt es beispielsweise im Rahmen des Programms „Soziale Stadt".

Unserem Gemeinwohl werden Bildungsbauten nur dann nützen, wenn sie Lebenswelten miteinander vernetzen. Als explizit öffentliche Institution müssen Schulen als Bauwerke das gesellschaftliche Bewusstsein für Bildung und Kultur ausdrücken, sodass Gemeinschaft wieder als Qualität erfahrbar wird.

Für die inhaltliche Unterstützung bedankt sich die Bundesstiftung Baukultur bei den Teilnehmerinnen und Teilnehmern des Podiums zur BAUKULTUR_VOR_ORT-Veranstaltung „Worauf baut die Bildung?" am 25. Mai 2009 in Köln (siehe Seite 22) sowie bei den im Folgenden aufgeführten Teilnehmerinnen und Teilnehmern des WERKSTATTGESPRÄCH_BAUKULTUR zum Thema „Bildung" am 10. Juli 2009 in Berlin.

Markus Allmann, Architekt, Allmann Sattler Wappner Architekten, München
Hermann Budde, Wirtschaftswissenschaftler, Ministerium für Bildung, Jugend und Sport des Landes Brandenburg
Frauke Burgdorff, Raumplanerin, Montag Stiftung Urbane Räume, Bonn
Susanne Hofmann, Architektin, die Baupiloten, Berlin
Peter Hübner, Architekt, Schreiner und Schuhmacher, plus+ bauplanung, Neckartenzlingen
Cornelia von Ilsemann, Gymnasiallehrerin, Senat für Bildung und Wissenschaft, Bremen
Reinhard Kahl, Bildungsjournalist, Archiv der Zukunft, Hamburg
Ulrike Kegler, Lehrerin, Montessori-Oberschule Potsdam
Heike Lorenz, Landschaftsarchitektin, Hunck + Lorenz Freiraumplanung, Hamburg
Günter Piehler, Gymnasiallehrer, Staatliches Schulamt Offenbach
Otto Seydel, Theologe und Pädagoge, Institut für Schulentwicklung, Überlingen
Hans-Peter Vogeler, Chemiker, Bundeselternrat, Hamburg

Autoren

Michael Braum

Jahrgang 1953. Studium der Stadt- und Regionalplanung an der TU Berlin. 1980 bis 1996 Mitarbeiter und Gesellschafter der Freien Planungsgruppe Berlin. 1984 bis 1988 wissenschaftlicher Mitarbeiter an der TU Berlin. 1996 Gründung des Büros Conradi, Braum & Bockhorst, 2006 Gründung des Büros Michael Braum und Partner. Seit 1998 Professor am Institut für Städtebau und Entwerfen der Fakultät für Architektur und Landschaft an der Leibniz Universität Hannover. Seit 2008 Vorstandsvorsitzender der Bundesstiftung Baukultur. Veröffentlichungen zum Städtebau und zur Stadtentwicklung.

Oliver G. Hamm

Jahrgang 1963. Studium der Architektur an der FH Darmstadt. Redakteur der „deutschen bauzeitung" (1989–1992) und der „Bauwelt" (1992–1998), Chefredakteur von „polis" (1998), „VfA Profil" (1999), „Deutsches Architektenblatt" (2000–2007) und „greenbuilding" (2008–2009). Lebt in Berlin als freier Autor, Redakteur und Kurator. Veröffentlichungen zur Architektur, zur Stadtentwicklung, Stadterneuerung und zum Landschaftsumbau. Deutscher Preis für Denkmalschutz 2003 (Journalistenpreis).

Bernhard Heitele

Jahrgang 1971. Studium der Architektur an der Universität Stuttgart. Mitarbeiter im Stadtplanungsbüro raumbureau in Stuttgart. 2003 bis 2008 wissenschaftlicher Mitarbeiter am Lehrstuhl Stadtplanung und Raumgestaltung der BTU Cottbus. Seit 2009 freier Projektmitarbeiter der Bundesstiftung Baukultur. Veröffentlichungen zum Städtebau und zur Stadtentwicklung.

Cornelia von Ilsemann

Jahrgang 1948. Studium der Mathematik, Geschichte und Erziehungswissenschaft. Seit 1975 zunächst Gymnasiallehrerin, dann Mitgründung der Max-Brauer-Gesamtschule in Hamburg. Nach zwanzig Jahren Unterrichts- und Schulleitungstätigkeit Leitung der Gestaltungsabteilung in der Schulbehörde in Hamburg, später der Bildungsabteilung in Bremen. Veröffentlichungen zu reformpädagogischer Schulentwicklung und Lehrerbildung.

Falk Jaeger

Jahrgang 1950. Studium der Architektur und der Kunstgeschichte in Braunschweig, Stuttgart und Tübingen, Promotion an der TU Hannover, außerplanmäßiger Professor für Architekturtheorie an der TU Dresden. Lebt als freier Architekturkritiker, Publizist, Kurator und Hochschuldozent in Berlin. Träger des ersten Preises im Journalistenwettbewerb für Architekturkritik der Bundesarchitektenkammer und des DAI-Literaturpreises Baukultur.

Gert Kähler

Jahrgang 1942. Studium der Architektur in Berlin. Mitarbeit in verschiedenen Architekturbüros und an der TU Hannover. Promotion 1981, Habilitation 1985. Seit 1988 selbstständig als Historiker und Publizist, unter anderem „Geschichte des Wohnens" (Mitherausgeber, 1996–1999), „Baukultur in Deutschland" (Erster Statusbericht der Bundesregierung, 2001), Schulbuch „Wie gewohnt?" (2002), Kinderbuch „SciFun-City. Planen und Bauen im Großstadtdschungel" (2002), Schulbuch „Gebaute Geschichte" (2006), „Von der Speicherstadt bis zur Elbphilharmonie. Hundert Jahre Stadtgeschichte von Hamburg" (2009).

Gerhard Kramer

Jahrgang 1949. Studium der Architektur an der Universität Stuttgart. 1982 bis 1990 Projektarchitekt bei Meister & Wittich, Stuttgart. 1985 bis1990 wissenschaftlicher Mitarbeiter an der Universität Stuttgart. 1990 Gründung des Büros Diezinger & Kramer in Eichstätt. Seit 1993 Mitglied im Bund Deutscher Architekten (BDA), seit 1999 Professur für Entwerfen und Baukonstruktion an der FH Regensburg, seit 2001 Preisrichtertätigkeit in Architektenwettbewerben.

Arno Lederer

Jahrgang 1947. Studium der Architektur in Stuttgart und Wien. Als Architekt in Stuttgart selbstständig seit 1979; Büropartnerschaft mit Jórunn Ragnarsdóttir (seit 1985) und Marc Oei (seit 1992). 1985 bis 1990 Professor an der HFT Stuttgart; 1990 bis 2005 Professor an der Universität Karlsruhe, seit 2005 Leiter des Instituts für Öffentliche Bauten und Entwerfen an der Universität Stuttgart.

Barbara Pampe

Jahrgang 1973. Studium der Architektur in Bordeaux, Weimar und Delft. Mitarbeit im Architekturbüro KSP Engel und Zimmermann, Köln. Seit 2006 Lehrauftrag und wissenschaftliche Mitarbeiterin am Institut für Öffentliche Bauten und Entwerfen der Universität Stuttgart, Prof. Lederer. Beratertätigkeiten und Veröffentlichungen im Bereich Schulbau im In- und Ausland.

Otto Seydel

Jahrgang 1945. Studium der Theologie und Pädagogik in Göttingen. 25 Jahre Lehrer an der Internatsschule Schloss Salem, davon zehn Jahre als Mitglied des Leitungsteams. Seit 2001 Aufbau und Leitung des Instituts für Schulentwicklung in Überlingen. Projekte: Externe Evaluation aller Bremer Schulen; Coach der Leiterkonferenzen der Hermann Lietz Schulen; Aufbau der Akademie des Deutschen Schulpreises (sowie Jurymitglied); Mitwirkung als Fachberater bei Schulbauprojekten. Zahlreiche Veröffentlichungen zur Reformpädagogik.

Petra Steiner

Jahrgang 1967. Fotografiestudium an der Grafischen Lehr- und Versuchsanstalt in Wien, lebt und arbeitet als Architekturfotografin seit 1991 in Deutschland.

Carl Zillich

Jahrgang 1972. Studium der Architektur und Stadtplanung an der Universität Kassel und der Columbia University New York. 2002 bis 2008 wissenschaftlicher Mitarbeiter am Institut tur Geschichte und Theorle der Architektur an der Leibniz Universität Hannover. Seit 2004 eigene realisierte Architekturprojekte. Seit 2008 wissenschaftlicher Mitarbeiter der Bundesstiftung Baukultur. Publikationen unter anderem zu den Schnittstellen von Architektur und Kunst.

Bildnachweis

Titel, Rücktitel_ Jürgen Hohmuth, zeitort, Berlin. **Seite 8–15_** (1): Barbara Monse, Köln; (2–4): Alexander Hartmann / Wissenschaftliches Bildarchiv für Architektur, Berlin; (5): Baukunstarchiv der Akademie der Künste, Berlin; (6): Bernd Respondek / Landratsamt Neckar-Odenwald-Kreis; (7): Entwurf: bof architekten, Hamburg mit Breimann & Bruun Garten- und Landschaftsarchitekten, Hamburg; Visualisierung: bloom images, Hamburg; Luftbild: IBA Hamburg GmbH/Falcon Crest Air, Hamburg; (8): die beiden oberen Fotos: Bezirkselternausschuss Steglitz-Zehlendorf, Berlin; die beiden unteren Fotos: Tulpen für Tische / Archimobil e.V., Hamburg; (9): Fotos: Bezirkselternausschuss Steglitz-Zehlendorf, Berlin; Collage: Ricardo Cortez nach einem Vorbild der Berliner Zeitung, Ausgabe vom 2.12.2008. **Seite 16–21_** (1–8): Archiv des IÖB – Institut für Öffentliche Bauten und Entwerfen, Universität Stuttgart, Fakultät für Architektur und Stadtplanung; (9): Zeichnung: Behnisch & Partner, Stuttgart; Quelle: Behnisch & Partner. Bauten 1952–1992. Stuttgart, 1992; (10): Foto: Christian Kandzia / Behnisch & Partner, Stuttgart; Quelle: saai – Südwestdeutsches Archiv für Architektur und Ingenieurbau an der Universität Karlsruhe (TH). **Seite 22–25_** Anja Schlamann, Köln. **Seite 26–35_** Fotos: Theodor Barth, Stuttgart; Quelle: Robert Bosch Stiftung, Stuttgart. **Seite 36–41_** (1): Christian Kandzia und Wulf & Partner, Stuttgart; (2): Archiv des IÖB – Institut für Öffentliche Bauten und Entwerfen, Universität Stuttgart, Fakultät für Architektur und Stadtplanung; (3): Foto: Christian Kandzia / Behnisch & Partner, Stuttgart; Quelle: saai – Südwestdeutsches Archiv für Architektur und Ingenieurbau an der Universität Karlsruhe (TH); (4): Cornelia Suhan (Foto) / Büro plus+ bauplanung GmbH (Lageplan), Neckartenzlingen; (5): von Bock Architekten, Göppingen; (6): Foto: Christian Kandzia; Quelle (auch des Grundrisses): Behnisch Architekten, Stuttgart; (7): Lindman Photography, Stockholm. **Seite 42–51_** (1, 2): Walter Mair, Zürich; (3, 6, 9, 11, 15, 17): Archiv des IÖB – Institut für Öffentliche Bauten und Entwerfen, Universität Stuttgart, Fakultät für Architektur und Stadtplanung; (4, 5): Christof Hirtler, Altdorf; (7): Jeroen Musch, Amsterdam; (8): Alexander van der Meer, Amsterdam; (10, 12): Fotos: Christian Richters, Münster; Quelle: VIEW Pictures, London; (13, 14, 16, 18): Jussi Tiainen, Helsinki. **Seite 52–113_** Fotos: Petra Steiner, Berlin; Lagepläne: Katharina Rathenberg / Bundesstiftung Baukultur, Potsdam. **Seite 114–121_** (1–3, 7): Stefan Müller-Naumann, München; (4): Michael Wortmann, Hamburg; (5): Jürgen Voss, Hannover; (6): Jan Meier, Bremen. **Seite 122–129_** (1): Cornelia Suhan / plus+ bauplanung GmbH, Neckartenzlingen; (2, 6): Denkmalschutzamt Hamburg – Bildarchiv; (3): Beek100 / Wikimedia; (4): Uwe Barghaan / Wikimedia; (5): Zefram / Wikimedia; (7): Werkgruppe Lahr; (8, 9): Klaus Kinold, München.

Die Bundesstiftung Baukultur dankt den Fotografen und den Inhabern der Bildrechte für die Nutzungsgewährung.
Jeder mögliche Versuch ist unternommen worden, die Besitzer von Bildrechten ausfindig zu machen. Wo dies nicht möglich war, bitten wir die Urheber, sich mit den Herausgebern in Verbindung zu setzen.